BÜCHER
OHNE SIEBEN SIEGEL

BÜCHER
OHNE SIEBEN SIEGEL

Schätze
aus der Bibliothek
des Görres-Gymnasiums Koblenz

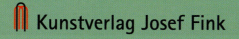
Kunstverlag Josef Fink

Katalog zur Ausstellung im Mittelrhein-Museum
Koblenz vom 3. Dezember 2023 bis 3. März 2024

Impressum

Ausstellung

Kuratoren
Claudia Heitmann, Barbara Koelges,
Armin Schlechter

Sekretariat
Sabine Brathuhn

Verwaltung
Isabell Waldorf

Museumspädagogik
Nora Löhr

Öffentlichkeitsarbeit
Antje Kraus

Restauratorische Betreuung
Petra Brickmann, Thomas Hardy

Ausstellungsaufbau und -technik
Joachim Grothe, Thomas Hardy, Timo Lemler

Stiftung
Staatliches Görres-Gymnasium
Koblenz

Gedruckt mit Mitteln der
Stiftung Staatliches Görres-Gymnasium Koblenz

Katalog

Herausgeber
Claudia Heitmann, Barbara Koelges,
Armin Schlechter

Autoren
Claudia Heitmann, Michael Herkenhoff, Barbara Koelges, Michael Koelges, Armin Schlechter

Bildbearbeitung
CamScan, Stiefenhofen

Gestaltung
grafik.brandner, Leutkirch im Allgäu

© Kunstverlag Josef Fink
Lindenberg im Allgäu
www.kunstverlag-fink.de

Alle Rechte vorbehalten; kein Teil dieses Werks darf in irgendeiner Form ohne vorherige schriftliche Genehmigung des Verlages reproduziert oder unter Verwendung elektronischer Systeme verarbeitet, vervielfältigt oder verbreitet werden.

Bibliografische Information der Deutschen Nationalbibliothek: Die Deutsche Bibliothek verzeichnet diese Publikation in der Deutschen Nationalbibliografie; detaillierte Daten sind im Internet über http://dnb.d-nb.de abrufbar.

Printed in EU

1. Auflage 2023
ISBN 978-3-95976-458-2

Inhalt

- 6   Vorworte
- 10   Orte der Gelehrsamkeit und Spiritualität.
  Klöster im Raum Koblenz bis zum Ende des Alten Reiches (1794)
  Michael Koelges
- 18   Die Folgen der französischen Besatzungszeit und der Säkularisierung für den Bestand der Bibliothek des Staatlichen Görres-Gymnasiums Koblenz
  Barbara Koelges
- 24   „brauchbar und wünschenswerth" – Koblenzer Klosterbestände in der Universitäts- und Landesbibliothek Bonn
  Michael Herkenhoff
- 40   Was vom Kloster übrig blieb: Relikte aus Koblenzer Klöstern in den Beständen des Mittelrhein-Museums
  Claudia Heitmann
- 48   Die historische Bibliothek der Stiftung Staatliches Görres-Gymnasium
  Armin Schlechter

Katalog
- 60   1–15 Inkunabeln
  Barbara Koelges
- 90   16–40 Drucke und Handschriften des 16. bis 18. Jahrhunderts
  Armin Schlechter

- 140   Literaturverzeichnis
- 144   Bildnachweis

Vorwort

Ute Mittelberg

Die *Stiftung Staatliches Görres-Gymnasium Koblenz* besitzt eine umfangreiche und wertvolle historische Bibliothek, deren Ursprung auf die Gründung der Schule als Jesuitenkolleg im Jahr 1582 zurückgeht. Das Kolleg wurde von Beginn an mit einer Bibliothek ausgestattet, mit Büchern, die von Erzbischof Jakob von Eltz übergeben wurden und die aus der Bibliothek der Augustiner-Chorherren auf Niederwerth stammten. Die Bibliothek wurde in den folgenden Jahrhunderten kontinuierlich erweitert, etwa mit Werken aus benachbarten Klöstern oder durch Zukäufe, hatte allerdings auch – kriegsbedingt – einige Verluste zu ertragen. Sie umfasst heute etwa 300 Handschriften, die im Landeshauptarchiv eingelagert sind, 500 Inkunabeln und über 20.000 Druckwerke. Zu den Handschriften und Inkunabeln sind bereits vollständige Kataloge erschienen.

Nach mehrjährigen Gesprächen konnte im vergangenen Jahr ein Vertrag über die Reinigung, Erschließung, Aufbewahrung und Zugänglichmachung der historischen Bibliothek zwischen der Stiftung, der Stadt Koblenz und dem Landesbibliothekszentrum Rheinland-Pfalz abgeschlossen werden, der die sachgerechte Behandlung für die Zukunft sicherstellt. Die Bibliothek wird jetzt Schritt für Schritt in die Betreuung des LBZ übergeben, verbleibt aber weiterhin im Eigentum der *Stiftung Staatliches Görres-Gymnasium Koblenz*. Die Bestände werden Zug um Zug gereinigt, katalogisiert und nach heutigen wissenschaftlichen Kriterien gelagert – ein Projekt für viele Jahre.

Mit der heutigen Ausstellung einiger repräsentativer und wertvoller Werke werden die ersten Ergebnisse der Zusammenarbeit gezeigt. Damit soll die Bibliothek verstärkt in das Bewusstsein der Wissenschaft und der interessierten Öffentlichkeit gebracht werden.

Dr. Ute Mittelberg

Vorsitzende des Verwaltungsbeirates der *Stiftung Staatliches Görres-Gymnasium Koblenz*

Vorwort

Matthias von der Bank

Die Bibliothek des Görres-Gymnasiums in Koblenz ist zwar eine der bedeutendsten historischen Bibliotheken des Landes Rheinland-Pfalz, aber auch eine der unbekanntesten. Nach der Übergabe der Bestände an das Landesbibliothekszentrum Rheinland-Pfalz entstand die Idee, dieses kulturhistorische Juwel mit exemplarisch ausgewählten Stücken der Öffentlichkeit vorzustellen.

Daraufhin konzipierten wir eine Ausstellung, die nicht nur den Reichtum und die Qualität des Bücherschatzes, sondern auch seine große Bedeutung für die Stadtgeschichte von Koblenz veranschaulicht. In den Bücherbestand sind viele Einzelbibliotheken der ehemaligen Koblenzer Klöster aufgegangen. Einstmals prägten Klöster der unterschiedlichsten Orden das Stadtbild. Vielen Einwohnern ist heute überhaupt nicht mehr bewusst, dass diese damals zahlreiche wichtige Aufgaben in der Gesellschaft übernahmen, die heute von städtischen oder staatlichen Institutionen erfüllt werden: Armenfürsorge, Kranken- und Altenpflege sowie schulische Bildung. Die Bibliotheken der Klöster waren das geistige Herz dieser Einrichtungen.

Im Bestand des Mittelrhein-Museums haben viele Ausstattungsstücke der ehemaligen Klöster die Zeiten überdauert: Architekturfragmente, Skulpturen und Gemälde, um nur einige zu nennen. Zusammen mit dem Bücherbestand lassen diese Objekte die Welt der ehemaligen Koblenzer Klöster lebendig werden. Die Ausstellung fügt also wieder zusammen, was einstmals zusammengehörte.

Ich möchte den Beteiligten für die jederzeit angenehme und bereichernde Zusammenarbeit herzlich danken. Im Landesbibliothekszentrum Rheinland-Pfalz insbesondere Frau Dr. Barbara Koelges und Herrn Dr. Armin Schlechter, in der Universitäts- und Landesbibliothek Bonn Herrn Dr. Michael Herkenhoff, im Stadtarchiv Koblenz Herrn Michael Koelges sowie im Mittelrhein-Museum meiner Kollegin Dr. Claudia Heitmann. Ein besonderer Dank gebührt der *Stiftung Staatliches Görres-Gymnasium Koblenz*, die die Finanzierung dieses Vorhabens ermöglicht hat. Stellvertretend seien vom Vorstand Frau Dr. Ute Mittelberg und Herr Lutz Itschert genannt.

Dankbar bin ich auch, dass die Zusammenarbeit mit dem Kunstverlag Josef Fink ebenfalls wie immer vertrauensvoll und reibungslos verlief. Der Katalog wird hoffentlich über die Dauer der Ausstellung hinaus den Interessierten einen guten Einblick in ein wichtiges Kapitel der Koblenzer Geschichte ermöglichen.

Dr. Matthias von der Bank

Direktor des Mittelrhein-Museums, Koblenz

Vorwort

Annette Gerlach

Die Bibliothek der *Stiftung Staatliches Görres-Gymnasiums* bewahrt heute Teile der Sammlungen des 1582 gegründeten Koblenzer Jesuitenkollegs sowie anderer Klosterbibliotheken aus dieser Stadt und der Umgebung. Damit überliefert sie bedeutende Bücherbestände dieser nicht mehr existierenden Institutionen. Die einzelnen Bände sind inhaltliche Quellen für die Geistesgeschichte dieser Institutionen. Hinzu kommen die Exemplareigenschaften, also die spezifischen Einbände, Besitzvermerke der früheren Eigentümer und viele andere Dinge mehr, die ein solches Buch zu einem Unikat werden lassen. Es handelt sich in der Summe um einen singulären Bestand für die Koblenzer Buch- und Bibliotheksgeschichte von unschätzbarem Wert.

Der Zahn der Zeit nagte an den Beständen, die Unterbringung der wertvollen Bücher, Handschriften und Drucke in einem Bibliotheksbau aus dem Jahr 1967 entsprach in keiner Weise den heutigen konservatorischen Anforderungen – es war Zeit, zu handeln. In Abstimmung mit der *Stiftung Staatliches Görres-Gymnasium*, der Stadt, dem Landesbibliothekszentrum und den zuständigen Ministerien in Mainz wurde mit einem Kooperationsvertrag der beteiligten Einrichtungen die Grundlage für die Bewahrung der Bücher geschaffen. Er regelt die Modalitäten der Reinigung, Erschließung und Aufbewahrung der historischen Bibliothek.

Erste Maßnahme des Landesbibliothekszentrums war es, die Bestände aus diesem Magazin zu bergen. Sie gingen an einen Dienstleister, der die Trockenreinigung übernimmt. Die einzelnen Partien werden dann an die Pfälzische Landesbibliothek in Speyer zurückgeliefert. Dieses Haus ist innerhalb des Landesbibliothekszentrums Rheinland-Pfalz Kompetenzzentrum für den Altbestand. Hier werden die einzelnen Drucke unter Einbeziehung der Provenienzen katalogisiert. Der Nachweis geschieht im Verbundkatalog des Hochschulbibliothekszentrums Nordrhein-Westfalen, an dem sich die wissenschaftlichen Bibliotheken dieses Bundeslandes und eines großen Teils von Rheinland-Pfalz beteiligen und der weltweit zugänglich ist. Natürlich sind diese Bestände dann auch im Katalog des LBZ Rheinland-Pfalz greifbar.

Auf die Reinigung und die Erschließung folgen weitere Maßnahmen, die auf den Originalerhalt dieser für Koblenz eminent wichtigen Bibliothek abzielen. Wertvolle Einbände werden heute in erster Linie durch Kassetten auf Maß geschützt, die aus alterungsbeständigem Archivkarton bestehen. Deutlich aufwendiger ist die Erhaltung der Bände, die so schwer geschädigt sind, dass eine Restaurierung nötig ist. Nach ihrer Bearbeitung und Sicherung wird die Bibliothek der *Stiftung Staatliches Görres-Gymnasium* künftig in der Rheinischen Landesbibliothek Koblenz in einem neuen Rara-Magazin untergebracht werden. Mit der Übernahme dieser Büchersammlung sichert das Landesbibliothekszentrum langfristig die wichtigste historische Bibliothek in Koblenz und eine der wertvollsten Bibliotheken in Rheinland-Pfalz.

Der vorliegende Katalog zur Ausstellung *Bücher ohne sieben Siegel*, den das Landesbibliothekszentrum zusammen mit dem Mittelrhein-Museum und dem Stadtarchiv Koblenz erstellt hat, präsentiert im Zusammenhang mit der Geschichte der Klöster von Koblenz und Umgebung kostbare Inkunabeln und reich ausgestattete frühe Drucke aus dem Bestand der Bibliothek. Ich wünsche der Ausstellung und dem Katalog ein interessiertes Publikum.

Dr. Annette Gerlach

Leiterin des Landesbibliothekszentrums Rheinland-Pfalz

Orte der Gelehrsamkeit und Spiritualität. Klöster im Raum Koblenz bis zum Ende des Alten Reiches (1794)

Michael Koelges

Seit dem frühen Mittelalter waren klösterliche Gemeinschaften wichtige Trägerinnen des geistigen und geistlichen Lebens. Ein Ausdruck dieser Funktion sind Klosterbibliotheken, die im Koblenzer Raum durch die Wirren der französischen Zeit (1794–1813) oftmals zerstreut wurden. Daher sei die äußere Geschichte einiger Klöster in Koblenz, Niederwerth, Boppard, Merl (heute Zell/Mosel), Beilstein und Cochem hier kurz dargestellt. Ihre noch erhaltenen Bestände befinden sich heute zum Teil in der Bibliothek der *Stiftung Staatliches Görres-Gymnasium Koblenz*.

Das Jesuitenkolleg in Koblenz

Zur Unterstützung ihrer gegenreformatorischen Bestrebungen sahen die Trierer Erzbischöfe in den Jesuiten eine „geeignete Truppe zur Verteidigung des alten Glaubens".[1] Ende 1580 ließ sich der Orden dauerhaft in Koblenz nieder und richtete im ehemaligen Zisterzienserinnenkloster „in der Leer" eine Niederlassung mit angeschlossenem Schulkolleg ein. Zuvor hatte Kurfürst Jakob von Eltz die Zisterzienserinnen gegen deren Willen auf die Insel Niederwerth versetzt, wo sie das aufgelöste Kloster der Augustiner-Chorherren bezogen. Die Koblenzer Jesuiten waren in der Seelsorge und Krankenpflege tätig und gründeten Sodalitäten (geistliche Gemeinschaften) für Kleriker, Handwerker und Frauen. Die Aufführung der Jesuitendramen mit ihren biblischen Stoffen können als Vorläufer des Koblenzer Theaterlebens gelten. Die 1592 geweihte Jesuitenkirche erlitt beim Beschuss der Stadt durch die Franzosen im Jahr 1688 schwere Schäden und wurde 1702/03 wiederhergestellt. Nach der Auflösung des Jesuitenordens 1773 waren vereinzelte Ordensangehörige weiterhin in der Seelsorge oder als Lehrer tätig, denn das Jesuitenkolleg wurde als kurfürstliches Gymnasium weitergeführt.

Den Grundstock der Bibliothek des Kollegs bildeten die Bestände des aufgelösten Niederwerther Klosters, die Kurfürst Jakob von Eltz vorübergehend auf die Burg Ehrenbreitstein auslagern ließ. Bis zum Ende des 18. Jahrhunderts wuchs der Bestand auf rund 5.000 Bände an. Seit Beginn der 1780er-Jahre existierte im Kolleggebäude neben der Jesuitenbibliothek eine weitere (öffentliche) Bibliothek, die der Koblenzer Bürgerschaft zur Verfügung stand, in den ersten Jahren der französischen Herrschaft jedoch spurlos verschwand: *Bibliothèque publique: (Elle a disparu! Hélas!!!)*.[2] Die Bibliothek der Jesuiten befand sich in der Südwestecke des Kollegbaus, der in der Regierungszeit des Trierer Erzbischofs

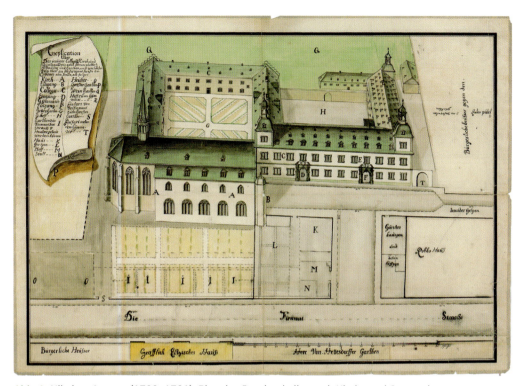

Abb. 1: Nikolaus Lauxen (1722–1791), Plan des Jesuitenkollegs mit Kirche und Gymnasium, 13. März 1769, kolorierte Federzeichnung, H 45,5 x B 64,5 cm, Stadtarchiv Koblenz K Nr. 199.

Johann von Schönenberg in den Jahren 1590 bis 1595 errichtet wurde (heute Rathausgebäude 2 am Willi-Hörter-Platz).[3]

Das Kolleg war gehalten, jährlich einen bestimmten Geldbetrag für den Ausbau der Bibliothek aufzuwenden.[4] Da dies oft schwierig war, wurden immer wieder die Einnahmen in Anspruch genommen, die von den Novizen beim Eintritt in den Jesuitenorden erhoben wurden. Geldspenden von Privatpersonen waren selten, Büchergeschenke dafür umso häufiger, vor allem im 17. Jahrhundert. Drei Schenkungen ganzer Büchersammlungen sind nachweisbar: diejenigen durch den kurtrierischen Offizial (Richter am geistlichen Gericht) Matthias Keller (1601) sowie den kurfürstlichen Kanzler Dr. Burkhard Wimpheling (1639); das dritte Geschenk des 1761 verstorbenen Jesuitenpaters Brochtrug war gar so umfangreich, dass das Kolleg beschloss, den Nachlassgeber durch einen besonderen Gottesdienst zu ehren.

Das Koblenzer Dominikanerkloster

Die Dominikaner (die Brüder des Predigerordens) gehören zu den Bettelorden und ließen sich außerhalb der Stadtmauer zwischen der Weißer Gasse und der Mosel nieder.[5] Für 1233 ist die erste Messfeier belegt. Nach dem großen Stadtbrand von 1245 konnte die Klosterkirche im April 1260 geweiht werden. Im 14. Jahrhundert

Abb. 2: Otto Kilger (1842–1914), Portal des Dominikanerklosters, um 1890, Fotografie s/w, H 24 x B 17 cm, Stadtarchiv Koblenz FA 2 Nr. 730.

suchte als Gesandter des Erzbischofs von Mainz zusammen mit Nikolaus von Kues das Konzil von Basel (1431). Von 1452 bis 1455 war Kalteisen Erzbischof von Trondheim in Norwegen. Er starb am 2. Oktober 1465 in Koblenz. Heinrich von Rübenach brachte es bis zum Provinzial (Vorsteher) der deutschen Provinz des Dominikanerordens. Von 1458 bis 1477 wirkte er als Weihbischof in Köln, zog sich dann nach Koblenz zurück und starb hier im Jahr 1493. Otto von Senheim, Koblenzer Dominikaner, wurde 1633/38 Trierer Weihbischof und geriet mit seinem Erzbischof Philipp Christoph von Soetern mitten im Dreißigjährigen Krieg in die Wechselfälle der Politik. Senheim starb 1662 unerwartet in Maria Laach.

Um 1800 umfasste die Bibliothek des Dominikanerklosters rund 150 Handschriften und 3.000 bis 4.000 Drucke. Wahrscheinlich erlitt die Bibliothek erste Verluste, als ab 1792 in den Klostergebäuden Proviantmagazine und Lazarette eingerichtet wurden.

war die Koblenzer Niederlassung mehrfach Schauplatz von Provinzialkapiteln (Versammlungen) der rheinischen Dominikanerklöster. Darüber hinaus wurden dem Kloster in der Weißer Gasse zahlreiche Schenkungen, besonders von Beginen, zuteil. Die Mönche nahmen ihre Klausur sehr ernst, wie aus einem Vertrag von 1351 hervorgeht, mit dem zwei Häuser aus Klosterbesitz verkauft wurden. Die neuen Besitzer durften keine Gucklöcher oder Fenster brechen, durch die man das Klostergrundstück hätte einsehen können.[6]

Mit dem Koblenzer Dominikanerkloster standen etliche berühmte Persönlichkeiten in Verbindung. Heinrich Kalteisen aus Ehrenbreitstein, geboren um 1390, be-

Das Koblenzer Franziskanerkloster

Auch die Franziskaner oder Minderen Brüder (Minoriten) werden den Bettelorden zugerechnet, was bedeutete, dass die Ordensmitglieder ihren Lebensunterhalt ausschließlich durch Almosen und Zuwendungen der Gläubigen bestritten.[7] Seit 1236 sind die Franziskaner in Koblenz nachweisbar. Um 1250 war das Klostergebäude so weit fertiggestellt, dass es bewohnbar war. Es lag an der Südseite der Kastorgasse auf halbem Wege zwischen dem Kastorstift und der Kornpforte. Um 1300 dürfte die Kirche vollendet worden sein.

Nach dem Tode des Ordensgenerals Bonaventura (1274) führten Streitigkeiten über die Strenge des Armutsideals zu einer Spaltung der Minoriten in die gemäßigtere Richtung der Konventualen und die strengere der Observanten oder Rekollekten. Mitte des 14. Jahrhunderts schlossen sich die Koblenzer Franziskaner den Observanten an. „Im Jahre 1451 erlebten die Bürger der Stadt ein einzigartiges Schauspiel, als die Franziskaner die Urkunden über Einkünfte aus Häusern, Äckern, Weinbergen, Zinsen sowie die entbehrliche Einrichtung aus dem Kloster brachten und sie dem Magistrat der Stadt übergaben, der sie dann später an die Liebfrauenkirche und das Hospital zum Heiligen Geist verteilte".[8] Um 1800 wies die Franziskanerbibliothek einen Bestand von ca. 2.000 bis 3.000 Bänden auf, darunter viele Inkunabeln. Bis zur Umwandlung des Klostergebäudes in ein Bürgerhospital 1804 blieb die Bibliothek an ihrem Standort; allerdings war der Katalog schon 1794 im Zuge der französischen Besetzung beschlagnahmt worden.

Das Koblenzer Karmeliterkloster

Die Niederlassung der Karmeliten aus Neuburg an der Donau führte 1654 zur jüngsten Klostergründung in Koblenz.[9] Die Neuankömmlinge hingen einem Reformzweig des Ordens an, der die Strenge der Lebensführung wiedereinführte. Da die Brüder auch in der kalten Jahreszeit nur Sandalen trugen, nannte man sie die Unbeschuhten Karmeliten. Im Volksmund waren auch die Bezeichnungen Liebfrauenbrüder oder Marienbrüder gebräuchlich.

Ursprünglich wollten sich die Karmeliten außerhalb der Stadtmauern ansiedeln. Kurfürst Karl Kaspar von der Leyen, dem die Besiedlung der „Firmung" zwischen dem heutigen Jesuitenplatz und dem Rhein besonders am Herzen lag, sorgte jedoch dafür, dass das Karmeliterkloster in der Nähe des Rheintors (heute Rheinstraße/Ecke Karmeliterstraße) auf einem Grundstück des Kastorstifts errichtet wurde. 1687 war das Gebäude fertig, das nach der Säkularisation 1802 als Gefängnis diente. Die Kirche wurde 1698 vollendet – der Bau hatte volle 27 Jahre in Anspruch genommen.

Das Kartäuserkloster auf dem Beatusberg bei Koblenz

Auf dem Beatusberg, benannt nach einem Trierer Ortsheiligen, entwickelte sich in der ersten Hälfte des 12. Jahrhunderts ein Benediktinerkloster, das jedoch schon

Abb. 3: Adolf Hirsch (1860–1932), Kreuzgang des ehemaligen Franziskanerklosters, später Bürgerhospital, um 1890, Fotografie s/w, H 25,5 x B 22,5 cm, Stadtarchiv Koblenz FA 2 Nr. 4425.

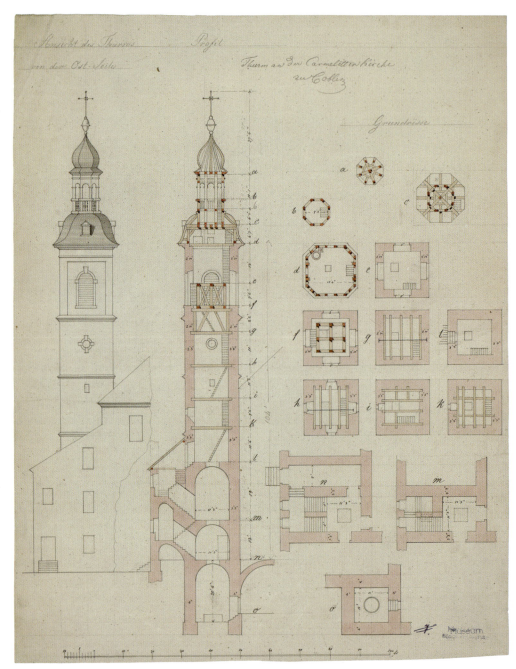

Abb. 4: Ferdinand Jakob Nebel (1783–1860), Ansicht, Profil und Grundrisse des Turms der Karmeliterkirche, undatiert, lavierte Federzeichnung, H 55,5 x B 43,5 cm, Mittelrhein-Museum Koblenz Inv.-Nr. G2453/102.

Abb. 5: Charles Dupuis, Kartäuserkloster auf der Karthause zu Koblenz von Norden, um 1790, Kupferstich, H 22,5 x B 30,6 cm, Mittelrhein-Museum Koblenz Inv.-Nr. G 1190.

einige Jahrzehnte später im Niedergang begriffen war.[10] 1315 gründete Erzbischof Balduin von Luxemburg an dessen Stelle ein Kanonikerstift, welches jedoch seinerseits wegen der abseitigen Lage nicht so recht gedeihen wollte, so dass sich Balduin entschloss, Mönche des Kartäuserordens anzusiedeln. Die Kartäuser sind ein Eremitenorden, der sich strenge Schweige- und Fastengebote auferlegte. Bis zu acht Stunden täglich brachten die Mönche im Gebet zu. Mit dem Aufblühen der Mystik im 14. und 15. Jahrhundert erfuhr der Orden regen Zulauf: 1510 gab es 195 Kartausen in 17 Provinzen. 1794 mussten die Mönche ihr Kloster verlassen und bezogen ihren Stadthof im Vogelsang (heute Nähe Reichenspergerplatz).

Die umfangreiche Bibliothek der Kartäuser wurde durch zwei Kataloge erschlossen, die beide aus dem 18. Jahrhundert stammten. Mit der Erstellung des Katalogs von 1767 ging eine vollständige Neubindung aller Bücher und die Vergabe einheitlicher Signaturen einher. Beim erzwungenen Umzug 1794 ließen die Mönche die Bibliothek auf dem Beatusberg zurück, die in den folgenden Jahren die Hälfte ihres Bestandes einbüßte.

Das Augustiner-Chorherrenstift auf dem Niederwerth

1429 gründete Erzbischof Otto von Ziegenhain auf der Insel etwa fünf Kilometer rheinabwärts von Koblenz das Stift.[11] Zuvor waren die dort ansässigen Beginen nach Besselich versetzt worden, wo später (1440) ein Franziskanerinnenkloster entstand. Nach einer Blütezeit im 15. Jahrhundert – Niederwerth war 1456/57 an der Gründung des Augustiner-Chorherrenstifts Eberhardsklausen bei Trier beteiligt – folgte im 16. Jahrhundert der Niedergang, der 1580 zur Schließung des Chorherrenstifts führte. Weil die Nonnen des Koblenzer Zisterzienserinnenklosters „in der Leer" dem Jesuitenkolleg weichen mussten, siedelte Erzbischof Jakob von Eltz sie auf dem Niederwerth an. Wie bereits geschildert, bildeten die Bestände der Augustiner-Chorherren den Kern der Koblenzer Jesuitenbibliothek.

Das Franziskaner- und das Karmeliterkloster in Boppard

Unter Erzbischof Lothar von Metternich erfolgte 1623 die Ansiedlung der Franziskaner am Bopparder Rheinufer unmittelbar an der mittelalterlichen Stadtmauer (heute Bundesakademie für öffentliche Verwaltung).[12] Aus der 1765 gegründeten Lateinschule des Klosters ging 1805 das städtische Progymnasium hervor (heute Kant-Gymnasium).

1264 gegründet, ist das Bopparder Karmeliterkloster nach Köln (1249) und Würzburg (1250) die drittälteste Niederlassung des Bettelordens in Deutschland. Die Kirche erfreute sich besonders beim Stadtadel als Begräbniskirche großer Beliebtheit; sie birgt noch heute etliche seltene (weil hölzerne) Totenschilde mit Adelswappen. Das Klostergebäude ist ein Neubau von 1728/30. Die reichhaltige Bibliothek „war eine der ausgesuchtesten im Trierischen Lande und wurde im gleichen Werthe wie das Kloster mit seinem sämmtlichen Grundbesitz gehalten!".[13]

Das Minoritenkloster in Merl, das Karmeliterkloster in Beilstein und das Kapuzinerkloster in Cochem

Die Gründung des Minoritenklosters Merl erfolgte mit Unterstützung der Familien Zandt von Merl und von Hunolstein sowie der Grafen von Sponheim im Jahr 1280.[14] Die Kirche stammt vom Ende des 13. Jahrhunderts und wurde im 15. Jahrhundert erweitert. Dem Franziskanerkloster war seit 1630 eine angesehene Lateinschule mit fünf Klassen angeschlossen. Die Schäden des Pfälzischen Erbfolgekriegs wurden von 1726 bis 1728 beseitigt. Seit 1792 erhielt das Kloster Pfarrrechte.

Seit 1637 waren in Beilstein Unbeschuhte Karmeliten ansässig, die der Trierer Dompropst Emmerich von Metternich dorthin berufen hatte. 1686 begann der Bau des Klosters, dem zwölf Patres angehörten. Die Grundsteinlegung für die Kirche erfolgte 1691, doch zog sich die Bautätigkeit noch bis 1768 hin. Die Franzosen enthoben den letzten Prior 1797 seines Amtes, doch einige wenige Patres durften noch bis zum Jahr 1807 in Beilstein bleiben.

1623 berief Erzbischof Lothar von Metternich Kapuziner (sie gingen Anfang des 16. Jahrhunderts aus der strengen Richtung der Franziskaner hervor) nach Cochem, wo sie zwei Jahre später mit dem Bau ihres Klosters begannen. Von der Familie Eltz-Kempenich erhielten die Kapuziner 1652 ein wertvolles Kreuzpartikel-Reliquiar als Geschenk. Die 1635 geweihte Klosterkirche erlitt 1689 bei der französischen Belagerung der Stadt schwere Schäden, wurde jedoch bis 1699 wiederhergestellt. Die Kapuziner betrieben philosophisch-theologische Studien und waren in der Seelsorge tätig. Über die Lage des Bibliotheksraums im Klostergebäude gibt es nur Vermutungen: „Über dem Klosterchor wäre der mit der Kirche errichtete Krankensaal anzunehmen, später vielleicht die hier üblicherweise angeordnete Bibliothek."[15]

[1] Brommer/Krümmel, Klöster, S. 67. – Zur Geschichte des Kollegs und seiner Bibliothek ausführlich Meckelnborg, Inkunabeln, S. 17–26.
[2] Almanach d'Adresses de la Ville de Coblence pour l'an XII, Coblence 1804, S. 94.
[3] Zum Bau der Bibliothek vgl. Fritz Michel, Das ehemalige Jesuitenkolleg und seine Bauten. Beitrag zur Baugeschichte der Stadt Koblenz, in: Trierisches Archiv 28/29 (1919), S. 81–144, hier S. 96–99, sowie den Plan bei Michel, Denkmäler, S. 261 (Original: Landeshauptarchiv Koblenz Best. 117 Nr. 531).
[4] Zum Folgenden Josef Mayer, Die Stifter und Mehrer der Koblenzer Jesuiten-Bibliothek, in: Mittelrheinische Geschichtsblätter 9 (1929), Nr. 4, S. 3 f.
[5] Pauly, Kirche, S. 224–228; Meckelnborg, Handschriften, S. 8–10.
[6] Brommer/Krümmel, Klöster, S. 48.
[7] Meckelnborg, Inkunabeln, S. 7 f.; Brommer/Krümmel, Klöster, S. 57.
[8] Pauly, Kirche, S. 224.
[9] Michel, Denkmäler, S. 283 f.; Pauly, Kirche, S. 234 f.; Brommer/Krümmel, Klöster, S. 77.
[10] Johannes Simmert, Inventar des Archivs der Kartause St. Beatusberg vor Koblenz, Koblenz 1987 (Veröffentlichungen der Landesarchivverwaltung Rheinland-Pfalz 46), S. VII–IX; Pauly, Kirche, S. 221–223; Meckelnborg, Inkunabeln, S. 10 f.; Brommer/Krümmel, Klöster, S. 35 f., S. 79 f.
[11] Brommer/Krümmel, Klöster, S. 24 f.; Meckelnborg, Handschriften, S. 3–7; Meckelnborg, Inkunabeln, S. 16 f.
[12] Brommer/Krümmel, Klöster, S. 53 f. (Franziskaner), 77 (Karmeliter); Meckelnborg, Handschriften, S. 11–13 (Karmeliter); Alkmar Frhr. von Ledebur (Bearb.), Die Kunstdenkmäler des Rhein-Hunsrück-Kreises, Bd. 2.1: Ehemaliger Kreis St. Goar, Stadt Boppard, Bd. 1, München 1988 (Die Kunstdenkmäler von Rheinland-Pfalz 8), S. 311–319 (Franziskaner), 329–394 (Karmeliter).
[13] Christian von Stramberg, Denkwürdiger und nützlicher Rheinischer Antiquarius [...], Bd. 2.5, Coblenz 1856, S. 317.
[14] Hans Vogts (Bearb.), Die Kunstdenkmäler des Kreises Zell an der Mosel, Düsseldorf 1938 (Die Kunstdenkmäler der Rheinprovinz 19,3), S. 208–211 (Merl), 58–66 (Beilstein); Wackenroder, Kunstdenkmäler, S. 163–171 (Cochem); Brommer/Krümmel 1998 (wie Anm. 1), S. 62 (Merl), 76 (Beilstein), 73 (Cochem).
[15] Wackenroder, Kunstdenkmäler, S. 167.

Die Folgen der französischen Besatzungszeit und der Säkularisierung für den Bestand der Bibliothek des Staatlichen Görres-Gymnasiums Koblenz

Barbara Koelges

Der Jesuitenorden brachte einen Grundbestand an Büchern bei der Gründung des Jesuitenkollegs nach Koblenz mit und erhielt nach dessen Aufhebung 1580 die Bibliothek des Augustiner-Chorherrenstiftes auf dem Niederwerth, deren Bestand zunächst auf dem Ehrenbreitstein ausgelagert war.[1] Auch aus dem Augustinerchorherrenstift Eberhardsklausen gelangten 20 liturgische Bücher in die neue Bibliothek des Jesuitenordens. In den Folgejahren baute der Orden den Bestand der Bibliothek durch Bücheranschaffungen aus eigenen Mitteln, Büchergeschenken und Geldgeschenken kontinuierlich zu einem Bestand von ca. 4.000 Werken in rund 5.000 Bänden aus.[2] Dies wurde in der Zeit des Kurfürstlichen Gymnasiums (1773–1794) fortgesetzt, in der der Bestand um 650 Werke aus den Bereichen Theologie, Geschichte, Jura und Klassische Philologie ergänzt wurde.[3]

Plünderungen und Beschlagnahmungen während der Revolutionskriege

Im Oktober 1794 wurde Koblenz im Rahmen der Revolutionskriege von den französischen Truppen besetzt. Schon ein Jahr zuvor war ein Teil der Bibliothek, die sogenannte „Landschaftliche Bibliothek", ausgelagert worden. Diese öffentliche Bibliothek wurde durch Beiträge der Koblenzer Beamten und durch Schenkungen der Landstände finanziert (daher der Name) und befand sich ebenfalls im Kurfürstlichen Gymnasium. Nach der Besetzung der Stadt rissen Plünderungen durch französische Soldaten und auch durch Einheimische Lücken in den Bestand.

Die am 19. Dezember 1793 ernannte *Commission temporaire des arts* hatte die Aufgabe, die in Frankreich konfiszierten Kulturgüter des Adels und der Geistlichen zu verzeichnen und an geeigneten Orten unterzubringen. Nach der Besetzung Belgiens und der Rheinlande wurden die Kompetenzen der Kommission auf die besetzten Gebiete ausgedehnt und festgelegt, dass die dort beschlagnahmten Kunstgegenstände und Kulturschätze in die Sammlungen in Paris integriert werden sollten. Die für diese Aufgabe ernannten Kommissare Charles de Wailly (1730–1798), Barthelemy de Faujas de Saint-Fond (1741–1819), André Thouin (1747–1824) und Gaspard Michel Leblond (1738–1809) beschlagnahmten zunächst in Belgien Kunst- und Kulturobjekte, von dort aus gingen sie nach Köln und begannen schließlich Ende 1794 bzw. Anfang 1795[4] in Koblenz mit ihrer Arbeit. Zunächst sichteten sie die Bestände der

Karmeliter, der Franziskaner-Rekollekten und der Dominikaner und konfiszierten dort ca. 300 wertvolle Bände, bis sie schließlich auf die Jesuiten-Bibliothek aufmerksam wurden. Dort fanden sie 46 gepackte Kisten mit Büchern, die ohne nähere Untersuchung nach Paris geschafft wurden. Es ist zu vermuten, dass es sich bei diesen Kisten um Bestände der Landschaftlichen Bibliothek handelte, die im Jesuitenkolleg untergebracht war, und nicht um originären Besitz der Jesuitenbibliothek.[5]

Im Jahr 1796 erfolgte erneut eine Sichtungs- und Beschlagnahmungsaktion durch Anton Keil (1769–nach 1818) im Auftrag der französischen Regierung. Er kam am 25. Oktober 1796 als *Commissaire du gouvernement français chargé de recueillir les objets d´art et de sciences dans les pays conquis d´Allemagne* nach Koblenz. Da er in der ehemaligen Jesuitenbibliothek nicht mehr viel fand, beschlagnahmte er Bestände der Koblenzer Klosterbibliotheken. Dabei konzentrierte er sich besonders auf wertvolle Handschriften und Inkunabeln, nahm aber auch weitere weniger wertvolle Drucke mit, die verkauft werden sollten und wohl in Köln und Bonn versteigert wurden.[6] Die Jesuitenbibliothek und auch die anderen Klosterbibliotheken in Koblenz verloren so durch Plünderungen und die beschriebenen Beschlagnahmungsaktionen ihre wertvollsten Bestände bereits vor der Säkularisierung.

Die Auflösung der Klöster

1797 kam das linke Rheinufer durch den Friedensschluss von Campo Fornio an Frankreich und wurde 1798 in vier Départements aufgeteilt. Koblenz wurde die Hauptstadt des *Département du Rhin et de la Moselle* mit Sitz der Zentralverwaltung des Départements. Im Zuge der Umstrukturierung des Schulwesens in den Départements wurde das Kurfürstliche Gymnasium in Koblenz zu einer *École secondaire*. Schon im August/September 1798, noch vor einem offiziellen Erlass, wurden alle Klosterbibliotheken im Département versiegelt.[7] Im Februar 1800 wurden die Klöster aufgefordert, eine Aufstellung ihres Besitzes an Büchern und Bildern abzugeben; aus den Antwortschreiben wird ersichtlich, dass die Bestände wie oben beschrieben bereits stark reduziert waren. Die Bibliotheken waren in einem schlechten Zustand und die Kataloge waren zum Teil verloren gegangen. Laut der Untersuchung des *Citoyen Nicolas*, Mitglied der *Jury des öffentlichen Unterrichts*, der die Koblenzer Klosterbibliotheken im selben Jahr besichtigte, um sich ein Bild von ihrem Zustand zu machen, waren in der Bibliothek des Dominikanerklosters noch 3.000 bis 4.000 Bände vorhanden, verschiedene Ausgaben der klassischen Autoren und der Kirchenväter; viele Ausgaben waren jedoch unvollständig.[8] Der Bestand der Bibliothek der Franziskaner-Rekollekten betrug 2.000 bis 3.000 Bände, darunter zahlreiche Inkunabeln, sowie etwa 190 theologische Handschriften und 80 Urkunden. In der Bibliothek des Karmeliterklosters befanden sich noch 700 bis 800 Bände, wobei kaum noch wertvolle Werke zu finden waren. In der Bibliothek des Kartäuserklosters, deren Katalog noch vorhanden war, befanden sich 1.000 Bände, nach Nicolas auch viele wertvolle Werke wie Inkunabeln und Handschriften.[9]

Nachdem im Frieden von Lunéville am 9. Februar 1801 die linksrheinischen Gebiete offiziell in die Französische Republik integriert worden waren, wurde am 9. Juni 1802 in einem Erlass die Aufhebung aller kirchlichen und klösterlichen Einrichtungen in den vier Départements des linken Rheinufers und die Verstaatlichung ihres Vermögens beschlossen. Mit der Aufgabe der Durchsuchung der klösterlichen und kirchlichen Bibliotheken und der Beschlagnahmung der wertvollen Bestände wurde der Benediktiner Jean Baptiste Maugérard (1735–1815) als *Commissaire du Gouvernement pour la recherche des sciences et arts dans les quatre départements du Rhin* beauftragt, der im Mai 1803 in Koblenz eintraf. Die noch vorhandenen Bestände der Bibliotheken der Koblenzer Karmeliter, Kartäuser, Dominikaner und Franziskaner-Rekollekten wurden bereits vorher – gemeinsam mit den Büchern der Bopparder Karmeliter und Franziskaner-Rekollekten – im Rekollektenkonvent zusammengeführt. Die Bibliothek des Karmeliterklosters Boppard enthielt wertvolle Bestände wie Pergamente, Urkunden und kolorierte Handschriften. In den Wirren und chaotischen Zuständen im Zuge der Aufhebung des Klosters 1802 wurden große Teile der Bibliothek von Bopparder Bürgern geplündert und wertvolle Bücher und Handschriften zerstört.[10]

Als Maugérard nach Koblenz kam, befanden sich im Rekollektenkonvent ca. 10.000 Bände aus dem Bestand der Klosterbibliotheken von Koblenz und Boppard. Er beschlagnahmte aber nur ca. 50 Drucke – meist Inkunabeln. Am 25. Mai, noch bevor er die Bestände im Rekollektenkonvent sichtete, durchsuchte er die ehemalige Jesuitenbibliothek (nun *Bibliothèque d'école secondaire*) und konfiszierte dort 21 Bände (Inkunabeln und Postinkunabeln), die an die Französische Nationalbibliothek in Paris gingen.[11]

Errichtung der Bibliothèque publique du Département

Für die ehemalige Jesuitenbibliothek begann am 1804 eine neue Ära, als aufgrund eines Erlasses vom September 1802 eine *Bibliothèque publique du Département* als ihre Nachfolgeinstitution errichtet werden sollte. In dieser Bibliothek sollten die Bestände der ehemaligen Jesuitenbibliothek mit den Beständen der Bibliotheken der aufgehobenen Klöster im Département vereinigt werden. Der Schulleiter der Sekundärschule, Simon, hatte die Aufgabe, die noch vorhandenen Bestände der Klosterbibliotheken im Rekollektenkonvent zu sichten. Bände, die für die *Bibliothèque publique* interessant waren, wurden in deren Bestand überführt. Die

Abb. 1: Unbekannt, Eingang des Karmeliterklosters Boppard. Foto, aus: Johann Josef Klein, Geschichte von Boppard, Boppard 1909, S. 301, LBZ / Rheinische Landesbibliothek: 2012/4105.

Abb. 2: Rudolf Bodmer [Ansicht von Beilstein, links gegenüber der Burg das Kloster], um 1846, Aquatinta, aus: J. A. F. Koch, Reise von Bonn nach Bertrich, Bonn 1846, S. 21, LBZ / Rheinische Landesbibliothek: 2003/3978 SOM.

restlichen Bestände sollten verkauft werden, um mit dem Geld Bücher für die *Bibliothèque publique* anzuschaffen. Simon sichtete 1804 die Bibliothek der Koblenzer Franziskaner-Rekollekten, anschließend die der Karmeliter, Dominikaner und Kartäuser in Koblenz und der Karmeliter und Franziskaner-Rekollekten in Boppard. Er bewertete die Mehrzahl der noch vorhandenen Werke als wertlos bzw. nicht interessant für den Bestand der *Bibliothèque publique*. Aufgrund Simons stark an den Bedürfnissen der Schule orientierter Bestandsauswahl und des von ihm veranlassten Verkaufs großer Teile der Buchbestände wurde der Bestand noch einmal stark dezimiert. So gingen 1805 bis 1806 erneut zahlreiche Werke (die genaue Größenordnung ist nicht bekannt) aus dem Bestand der ehemaligen Jesuitenbibliothek und der Bibliotheken der Koblenzer und Bopparder Klöster durch Aussonderung und Verkauf verloren.

Simon bat den Präfekten des Départements schriftlich darum, auch die Bibliotheken der Minoriten in Merl, der Karmeliter in Beilstein und der Kapuziner in Cochem sichten zu dürfen. 1806 kamen dadurch 752 Bände aus Merl, 680 Bände aus Beilstein und 762 Bände aus Cochem in die *Bibliothèque publique*.[12]

1810, als seine Sichtungen, Aussonderungen und Übernahmen abgeschlossen waren, konstatierte er, dass mehr als 8.000 Bände aus den Klosterbibliotheken in den Bestand der *Bibliothèque publique* übergegangen seien.[13] Die juristischen Werke aus den Bibliotheken in Merl, Beil-

Abb. 3: Unbekannt [Stadtansicht von Cochem], Foto, aus: [Photoalbum Rhein und Mosel, Zürich ca. 1900], ohne Seitenangabe, LBZ / Rheinische Landesbibliothek: 2001 A/320 SOM.

stein und Cochem gingen an die neue Rechtsfakultät, die die Franzosen 1806 in Koblenz errichtet hatten. 1806 erhielt die Bibliothek auch die Metternich-Winneburgsche Bibliothek. Ursprünglich im Besitz von Kurfürst Lothar von Trier (1600–1623), gelangte sie über seinen Neffen an das Haus Metternich und war seit 1794 in Kisten auf der Festung Ehrenbreitstein untergebracht. Nach der Beschlagnahmung durch die Franzosen wurden die Bände in die *Bibliothèque publique* integriert.[14] Nach 1807 gelangten keine weiteren Bestände ehemaliger Klöster mehr in die Bibliothek.

Nach einer Durchsicht im Jahr 1989 waren damals noch folgende Bestände aus den Klöstern in der Bibliothek des Staatlichen Görres-Gymnasiums erhalten:

Minoritenbibliothek Koblenz:
420 Bände, 11 Handschriften

Karmeliterbibliothek Koblenz:
350 Bände, 2 Handschriften

Kartäuserbibliothek Koblenz:
50 Bände, 9 Handschriften

Dominikanerbibliothek Koblenz:
150 Bände, 32 Handschriften

Karmeliterbibliothek Boppard:
250 Bände, 66 Handschriften

Minoritenbibliothek Boppard:
50 Bände

Minoritenbibliothek Merl:
10 Bände

Karmeliterbibliothek Beilstein:
250 Bände

Kapuzinerbibliothek Cochem:
90 Bände[15]

Die Handschriften aus der Bibliothek werden heute im Landeshauptarchiv aufbewahrt.[16]

Trotz der Übernahmen von Beständen aus den Klosterbibliotheken von Koblenz und Umgebung erlitt die Bibliothek in der Zeit der französischen Herrschaft und der Säkularisierung[17] hohe Verluste besonders bei den wertvollen Buchbeständen durch die beschriebenen Beschlagnahmungen 1794, 1796 und 1802, Plünderungen und Abgaben von Büchern an die neu gegründete Rechtsfakultät in Koblenz.

[1] Heute sind noch 50 Handschriften und 25 Inkunabeln in 30 Bänden aus dieser Bibliothek erhalten, Christina Meckelnborg, Die Inkunabeln der Bibliothek der Stiftung Staatliches Görres-Gymnasium Koblenz, Wiesbaden 2022, S. 16 f.
[2] Cornelia Hendricks, Die Bibliothek des Staatlichen Görres-Gymnasiums in Koblenz, in: Bibliothek und Wissenschaft 23 (1989), S. 117–121.
[3] Hendricks 1989, S. 130–132; Meckelnborg 2022, S. 24.
[4] Was die Zeitangabe angeht, sind die Angaben unterschiedlich. Christian von Stramberg gibt im Rheinischen Antiquarius den 21. November 1794 an, Leblond in seinem Rechenschaftsbericht Anfang 1795, Meckelnborg 2022, S. 28.
[5] Meckelnborg 2022, S. 30.
[6] Hendricks 1989, S. 134 f.
[7] Meckelnborg 2022, S. 34.
[8] Meckelnborg 2022, S. 35.
[9] Meckelnborg 2022, S. 36.
[10] Christian Stramberg: Denkwürdiger und nützlicher rheinischer Antiquarius. Coblenz 1845–1871, Abt. II, S. 517 f.; Johann Josef Klein, Geschichte der Stadt Boppard, Boppard 1909, S. 298 und 301.
[11] Hendricks 1989, S. 136; Meckelnborg 2022, S. 39–41.
[12] Reinhold Dahm, Geschichte der Bibliothek des Staatlichen Görres-Gymnasiums zu Koblenz, Koblenz 1961, [S. 4].
[13] Hendricks 1989, S. 139.
[14] Hendricks 1989, S. 157.
[15] Zahlen aus Hendricks 1989, S. 138.
[16] Mittelalterliche Handschriften im Landeshauptarchiv Koblenz, Koblenz 1998.
[17] Im Zusammenhang mit der Säkularisierung sollte auch die Schenkung von Joseph Görres an die Bibliothek erwähnt werden. Seine Handschriftensammlung, die er zum Teil in seinem Testament der Schule vermachte, stammte vorwiegend aus den Klöstern St. Maximin in Trier, Himmerod und Eberhardsklausen. Dahm 1961 [S. 17].

„brauchbar und wünschenswerth" – Koblenzer Klosterbestände in der Universitäts- und Landesbibliothek Bonn

Michael Herkenhoff

Am 18. Oktober 1818 gründete der preußische König Friedrich Wilhelm III. (1770–1840) für die preußischen Provinzen Rheinland und Westfalen eine Universität in Bonn, seit 1828 *Rheinische Friedrich-Wilhelms-Universität* genannt. Der König löste mit der Einrichtung dieser Hochschule ein Versprechen ein, das er bei der Inbesitznahme der Rheinlande 1815 feierlich abgegeben hatte.[1] In der preußischen Rheinprovinz trat die neue Hochschule an die Stelle von vier älteren Universitäten, die dort in vorpreußischer Zeit bereits bestanden hatten: die kurkölnische Universität in Bonn, die brandenburgische Landesuniversität in Duisburg, die städtische Universität zu Köln sowie die kurtrierische Universität in Trier.

Für die neue Universität standen zwar mit den beiden ehemaligen kurfürstlichen Schlössern am Hofgarten und in Poppelsdorf zwei große Gebäude zur Verfügung, die zumindest in den Anfangsjahren den Bedürfnissen der neuen Hochschule mehr als genügten. Ansonsten musste die Bonner Universität komplett neu errichtet werden. Dies galt sowohl für die Berufung und Einstellung von Personal, insbesondere die Besetzung der Lehrstühle mit bedeutenden Gelehrten,[2] als auch für die materielle Ausstattung der Universität, nicht zuletzt durch die Einrichtung einer Bibliothek.[3] Auch diese musste von Grund auf neu aufgebaut werden. Denn die umfangreiche Büchersammlung der alten kurfürstlichen Universität in Bonn von etwa 15.000 Bänden war 1794 vor dem Einmarsch der Franzosen in die rechtsrheinischen Gebiete verbracht und schließlich 1808 in Hamburg versteigert worden. Den Grundstock der Bonner Universitätsbibliothek bildeten dagegen zwei andere Büchersammlungen: die Bibliothek des Erlangener Philologen Gottlieb Christoph Harless (1738–1815) im Umfang von etwa 8.700 Bänden sowie die Bibliothek der alten Duisburger Universität mit etwa 6.000 Bänden, die nach der Auflösung der niederrheinischen Universität im Jahr 1818 nach Bonn überführt wurde.

Friedrich Gottlieb Welcker (1784–1868) war der erste Oberbibliothekar der Bonner Universitätsbibliothek.[4] Der gebürtige Hesse hatte in Gießen Philologie und Theologie studiert und war dann unter anderem von 1806 bis 1808 in Rom Hauslehrer bei Wilhelm von Humboldt (1767–1835), dessen Freund und Protegé er wurde. Nach seiner Rückkehr hatte er von 1809 bis 1816 einen Lehrstuhl für Archäologie und Philologie an der Universität Gießen inne, 1816 wechselte er nach Göttingen. 1818 erhielt er einen Ruf an die neu gegründete Bonner Universität, den er schließlich auch annahm. Im Sommersemester 1819 traf er in Bonn ein. An der rheinischen Universität übernahm er nicht nur einen Lehrstuhl für Philologie. Zugleich wurde er Oberbibliothekar der Universitätsbibliothek und erster Direktor des gleichfalls neu aufzubauenden Akademischen Kunstmuseums. Kennzeichnend für Welckers lange Tätigkeit in Bonn – die Leitung der Bibliothek und des Kunstmuseums hatte er bis 1854 inne, seine Lehrtätigkeit setzte er bis 1862 fort – war eine ungeheure literarische Produktivität[5] sowie eine Vielfalt der Aufgaben. Dass er für den Bibliotheksbereich weder irgendwelche Vorkenntnisse noch gar eine Ausbildung mitbrachte, darf nicht überraschen. Der Beruf des Bibliothekars mit eigenen Ausbildungswegen entwickelte sich erst im Laufe des 19. Jahrhunderts. Bis dahin waren die Oberbibliothekare (= Bibliotheksdirektoren) in der Regel Universitätsprofessoren, die nur nebenamtlich die Universitätsbibliotheken leiteten.[6] So waren auch die drei Nachfolger von Welcker als Oberbibliothekare – Friedrich Ritschl (1854–1865), Jacob Bernays (1866–1881) und Carl Schaarschmidt (1881–1901) – in erster Linie Professoren für Klassische Philologie. Der erste hauptamtliche Oberbibliothekar der Bonner Universitätsbibliothek war Joseph Staender (1901–1908).

Die wichtigste Aufgabe Welckers als Oberbibliothekar war der rasche Bestandsaufbau, um Wissenschaftler und Studierende der Universität mit der benötigten Literatur für Lehre und Forschung für die verschiedenen Fächer zu versorgen. Dieser Aufgabe kam er so tatkräftig nach, dass bei seinem Ausscheiden aus dem Amt 1854 die Bibliothek immerhin schon 115.000 Bände umfasste. Für die Bibliothek stand Welcker anfangs ein Etat von 4.000 Talern zur Verfügung, von dem allerdings nach Abzug der Personalkosten und anderer Sachausgaben nur 1.500 Taler für die Anschaffung von Büchern verfügbar waren. Später wurde diese Summe dann aufgestockt. Mit diesen Geldern finanzierte Welcker die Anschaffung von Neuerscheinungen sowie den Kauf älterer Titel auf Auktionen. Er gab in der Regel mehr Geld aus, als verfügbar war, so dass schnell beträchtliche Schulden bei in- und ausländischen Buchhändlern aufliefen[7] und er immer wieder auf außerordentliche Zuschüsse seitens des Ministeriums angewiesen war. Er war ein Gelehrter, kein Finanzfachmann, und überdies der Meinung, dass „übertriebene Korrektheit in Finanzsachen mit den recht verstandenen Interessen einer Bibliothek unvereinbar sei".[8]

Eine weitere Möglichkeit der Bestandsvermehrung war der Erwerb großer Bibliotheken, wobei Welcker allerdings auf Rat seines Göttinger Kollegen auf den Erwerb geschlossener Sammlungen vorzugsweise verzichtete, sondern sich nach Möglichkeit jeweils auf eine Auswahl besonders relevanter Titel beschränkte.[9] Entsprechende Büchersammlungen erhielt die Bonner Universitätsbibliothek entweder als Schenkung oder aufgrund ministerieller Verfügungen, denn sowohl der preußische Kultusminister Karl vom Stein zum Altenstein (1770–1840) als auch die zuständigen Oberpräsidenten, Graf Friedrich zu Solms-Laubach (1769–1822) und Karl von Ingersleben (1753–1831), bemühten sich nach Kräften, den Bestandsaufbau der neuen Universitätsbibliothek zu fördern. Angesichts der ministeriellen Rückendeckung war eine offene Ablehnung der Bonner Wünsche für die Vertreter der betroffenen Bibliotheken nicht opportun. Sie griffen daher eher zu passivem Widerstand und Verzögerungstaktiken. Welcker gelang es dennoch, zu Beginn seiner Amtszeit bedeutende Bestände aus verschiedenen Bibliotheken der Rheinprovinz vollständig oder in großen Teilen zu übernehmen. Daher besitzt die Bonner Universitätsbibliothek noch heute unter anderem Bücher aus der ehemaligen Rechtsschule zu Wetzlar, der Düsseldorfer Hofbibliothek und der Kölner Jesuitenbibliothek. Darüber hinaus erhielt die Bibliothek auch aus Westfalen Bücher, und zwar aus der Bibliothek der ehemaligen Benediktinerabtei Corvey sowie des Augustinerklosters Dalheim.

Schon vor Welckers Berufung nach Bonn war auch die Bibliothek der ehemaligen Koblenzer Rechtsschule ins Blickfeld geraten. Karl von Ingersleben hatte Friedrich von Solms-Laubach auf die noch nicht geplünderten Bestände der Rechtsschule hingewiesen, die seit 1816 in den Räumen der Koblenzer Gymnasialbibliothek aufgestellt und mit deren Beständen vermischt worden waren.[10] Fast zehn Monate später, am 3. Oktober 1818, verfügte ein ministerieller Beschluss die Übergabe dieser juristischen Bücher an die neue Bonner Universität. Im Sommer 1819 kamen die Bücher nach Bonn. Die Überweisung belief sich auf 643 Bände und 93 Sammelbände juristischer Dissertationen. Mit dieser Übergabe war aber die Causa Koblenz für die Bonner Universität noch nicht abgeschlossen. Im Dezember 1820 begab sich Welcker mit dem Bibliothekssekretär Theodor Bernd (1775–1854)[11] nach Koblenz. Seine Reise diente zwei Zwecken.[12] Zunächst wollte er die Absendung der juristischen Bände aus der ehemaligen Rechtsschule befördern, die noch in Koblenz verblieben waren. Zugleich ging es aber auch um die Bestände der Koblenzer Gymnasialbibliothek selbst. Anlass dafür war ein Auftrag, den er beziehungsweise die Bibliothek durch ein Ministerial-Reskript vom 25. Oktober 1820 erhalten

hatte. Dieser Erlass ist in den Akten der Bonner Universitätsbibliothek nicht überliefert. Auch wenn die Entscheidung letztlich in Berlin gefallen sein mag, der Ausdruck „Reskript" deutet darauf hin, dass das Ministerium lediglich auf ein Anschreiben beziehungsweise einen Antrag reagierte und dass die eigentliche Initiative vermutlich doch von Bonner Seite, von Welcker oder dem Kuratorium der Bonner Universität, ausgegangen war.

Welcker reiste am Freitag, den 8. Dezember 1820, an[13] – er hatte für seine Reise bewusst ein Wochenende gewählt, damit möglichst wenige seiner Kollegien ausfielen –, begann die Durchsicht der Bestände zusammen mit Bernd bereits an diesem Tag und konnte sie innerhalb der nächsten beiden Tage abschließen. Die Zusammenarbeit mit den zuständigen Koblenzern, dem Direktor Franz Nicolaus Klein (1784–1855), vor allem aber mit dem Lehrer Ernst Dronke (1797–1849)[14], scheint gut gewesen zu sein. Dronke, der seit 1818 die Bibliothek leitete, hatte einen Teil der ausgesonderten Bücher schon katalogisiert und die Inkunabeln gesondert aufgestellt. Welcker war vor allem an den historischen und theologischen Büchern der Gymnasialbibliothek interessiert, konzentrierte sich aber schnell auf die theologischen Werke, die er als für den Lehrplan einer Gymnasialbibliothek ungeeignet erachtete. Trotz dieser Beschränkung: Die Bonner Begehrlichkeiten betrafen den Kern der Koblenzer Bibliothek, denn die theologischen Werke aus vielen säkularisierten Klöstern aus Koblenz und der Region umfassten etwa die Hälfte des Bestandes, darunter auch sehr viele Inkunabeln und Handschriften. Mögliche Modalitäten der Abgabe von Büchern aus der Gymnasialbibliothek nach Bonn besprach Welcker mit dem Konsistorialrat Hubert Auer (1780–1838), dem Schul- und Konsistorialrat Friedrich Heinrich Wilhelm Lange (1779–1854) und dem Oberpräsidenten von Ingersleben vor Ort bei Tisch. Dabei wurde die Erwartung geäußert, dass die Sache zu beiderseitigem Vorteil ausschlagen könnte, wenn das Ministerium dem Gymnasium als Entschädigung für die abzugebenden Bücher eine erkleckliche Summe für philologische Bücher zur Verfügung stellen würde. Der Schule fehlten teure griechische Textausgaben, Lexika und andere Hilfsmittel. Noch unklar war zum damaligen Zeitpunkt, ob die Stadt Koblenz gegen die Abgabe Protest einlegen würde.

Welcker nahm die von Dronke erstellten Kataloge mit nach Bonn,[15] ebenso die Verzeichnisse, die Bernd und er während ihrer Besichtigung der Bestände angelegt hatten. Er wollte diese Listen mit den Bonner Bibliotheksbeständen abgleichen und dann daraus einen *Auszug des Brauchbaren und Nützlichen* erstellen.

Mit dem beim Besuch Welckers in Koblenz vereinbarten Verfahren erklärte sich das Ministerium einverstanden. Altenstein schrieb am 2. März 1821 an den Kurator der Universität Bonn, Johann Philipp Rehfues (1779–1843):

„Was die in der Bibliothek des Gymnasii zu Coblenz befindlichen ältern theologischen Werke, Incunabeln und Handschriften betrifft, so ist der Herr Staats-Minister von Ingersleben ersucht worden, dahin zu wirken, daß von diesen Gegenständen dasjenige, was der Oberbibliothekar Welcker als brauchbar und wünschenswerth für die Universitätsbibliothek in Bonn erachten wird und wovon er aus den ihm bereits mitgetheilten Verzeichnissen einen Auszug an das Oberpräsidium in Coblenz einzureichen hat, baldmöglichst nach Bonn gebracht werde. Dem Gymnasio zu Coblenz wird zur Entschädigung für das Abzugebende eine angemessene Summe zur Anschaffung philologischer Werte bewilligt werden."[16]

Die Übersendung der Bücher von Koblenz nach Bonn erfolgte allerdings erst in der zweiten Jahreshälfte 1821, und zwar in zwei Tranchen. Die Bibliothek erhielt Bücher am 6. August und nochmals am 8. Oktober. Es handelte sich insgesamt um 1.108 Bände.[17] Die Bonner Universitätsbibliothek hatte nun zwar die erwünschten Bücher erhalten. Was die zuvor versprochene Kompensation betraf, so musste Welcker offenkundig erst von Rehfues[18] und von Ingersleben[19] zum Handeln aufgefordert werden. Die Koblenzer Gymnasialbibliothek wählte daraufhin aus den Bonner Beständen 54 Dubletten philologischer Werke aus,[20] die im Februar 1822 in Koblenz eintrafen.[21] Damit war aber die ganze Angelegenheit noch nicht abgeschlossen. In den beiden Tranchen waren nicht alle Bücher enthalten, die Welcker zuvor für die UB ausgewählt hatte. Er forderte deshalb die noch fehlenden Bände an. Nachdem Dronke aus Koblenzer Sicht die Wünsche Welckers ausgiebig kommentiert hatte[22], erhielt die Bonner Bibliothek lediglich 27 weitere Bände aus Koblenz, die am 31. Juli 1822 unter der Überschrift „Rückstand der Bücher aus der Coblenzer Gymnasialbibliothek" akzessioniert und damit in den Bonner Bestand aufgenommen wurden.[23] Damit war letztlich doch der Großteil der Handschriften und Inkunabeln in Koblenz verblieben, was der spätere Bonner Bibliotheksdirektor Wilhelm Erman (1850–1932) gut hundert Jahre später enttäuscht kommentierte: „Viele und wertvolle Werke (500 Inkunabeln und über 300 Handschriften) sind in der Gymnasialbibliothek verblieben, wo sie wenig am Platze und ernsthafter Benutzung schwer zugänglich sind."[24]

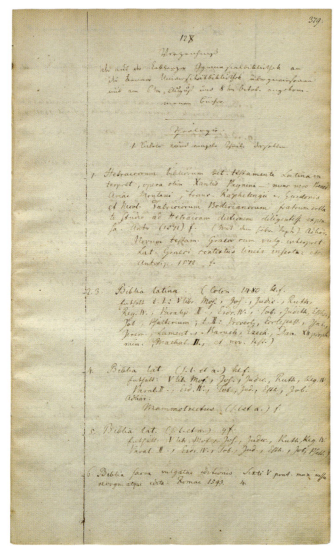

Abb. 1: Akzessionsjournal von 1821, S. 379, ULB Bonn.

Schon die Zahlen verdeutlichen, wie ungünstig das „Bönnische Tauschgeschäft"[25] für die Gymnasialbibliothek ausgefallen war. Sie hatte 1.135 Bände an die Bonner Universitätsbibliothek abgegeben, darunter viele Handschriften und Inkunabeln, und dafür als Kompensation nur 54 Bände erhalten. Auch der materielle Wert der ausgetauschten Bestände stand in keinem Verhältnis. Während für die abgegebenen Bonner Dubletten ein Wert von lediglich 104,20 Talern errechnet wurde, kalkulierte ein Frankfurter Buchhändler später den Wert der von Koblenz nach Bonn übersandten Handschriften und Bücher auf etwa 3.500 Taler.[26] Es verwundert daher nicht, dass der Koblenzer Direktor Klein eine zweckmäßige Entschädigung für den erlittenen Verlust einforderte. Auf sein Drängen erhielt die Gymnasialbibliothek 1827 eine vorläufige Entschädigung von 800 Talern, abzüglich der aus Bonn erhaltenen Dubletten im Wert von 104,20 Talern. Die Schulleitung akzeptierte die Lösung und stellte danach keine weiteren Ansprüche mehr. Das Ministerium selbst kam einige Jahre später zumindest indirekt noch einmal auf die Angelegenheit zurück. Als die Bonner Universitätsbibliothek gut zehn Jahre später die Büchersammlung des verstorbenen Bonner Mathematikprofessors Wilhelm Adolf Diesterweg (1782–1835) erwarb, wies das Ministerium die Bibliothek 1838 an, die Dubletten an das Provinzial-Schulkollegium in Koblenz abzugeben. Diese wurden dann auch für hundert Taler an das Kollegium verkauft.[27]

Welche Bestände hat aber nun die Bonner Universität 1821 und 1822 konkret aus der Koblenzer Gymnasialbibliothek übernommen und wie verteilen sich diese auf die einzelnen Fächer? Einen guten Eindruck vermittelt die von Theodor Bernd vorgenommene Akzession der großen Tranche von 1821 mit 1.108 Bänden, bei der er die einzelnen Werke systematisch auflistete (Abb. 1). Aus seiner Aufstellung ergibt sich folgende fachliche Gliederung:

Theologie:
Bibel und einzelne Theile derselben	28 Bde. (Nr. 1–Nr. 28)
[Griechische] Kirchenväter	29 Bde. (29–57)
Lateinische [Kirchenväter]	48 Bde. (58–105)
Exegese	72 Bde. (106–177)
Opera theologica	76 Bde. (178–253)
Biblische und Kirchengeschichte	16 Bde. (254–269)
Heiligengeschichte	51 Bde. (270–320)
Geschichte der Mönchsorden	62 Bde. (321–382)
Scholastische Theologie	45 Bde. (383–427)
Dogmatik	126 Bde. (428–553)
Moraltheologie und Casuistik	72 Bde. (554–625)
Liturgik	40 Bde. (626–665)
Homiletik	94 Bde. (666–759)
Homiliae und Postilla	42 Bde. (760–801)
[restliche Theologie]	51 Bde. (802–852)

Philosophie: 73 Bde. (853–925)

Geschichte: 22 Bde. (926–947)

Handschriften: 49 Bde. (948–996)

Noch einige alte Drucke 5 Bde. (997–1001)

Jurisprudenz:
Jus civil.	43 Bde. (1002–1044)
Jus canon.	64 Bde. (1045–1108)[28]

Die Aufstellung zeigt das deutliche Übergewicht der Theologie, da mehr als zwei Drittel der übernommenen Bände diesem Fach zuzurechnen sind. Rechnet man die weitgehend theologisch ausgerichteten Handschriften sowie im weiteren Sinn auch die Drucke zum kanonischen Recht dazu, ist die zahlenmäßige Dominanz der theologischen Werke noch deutlicher. Dass seitens der Bonner Bibliothek ein besonderes Augenmerk auf die Handschriften gelegt wurde, wird dadurch ersichtlich, dass Bernd sie in einer eigenen Rubrik verzeichnete. Die Inkunabeln schlug er dagegen den verschiedenen Fachgruppen zu. Wie ist es aber heute um die Bestände in der ULB Bonn bestellt, die einst aus der Koblenzer Gymnasialbibliothek 1821 und 1822 abgegeben worden sind?

Heute befinden sich davon noch 47 mittelalterliche, nichtarchivische Buchhandschriften im Bestand der Bonner Universitätsbibliothek. Zu diesen 47 Handschriften zählt auch ein Manuskript, das seit der Nachkriegszeit als vermisst galt und das die Bibliothek 2018 aus belgischem Privatbesitz zurückerhalten hat.[29] Neun weitere Handschriften, die gleichfalls in den Jahren nach dem Zweiten Weltkrieg abhandengekommen sind, fehlen leider noch immer.[30] Insgesamt besitzt die Bonner Bibliothek gegenwärtig 185 Bände mittelalterlicher Handschriften, ein gutes Viertel davon aus ehemaligem Koblenzer Bestand, der damit einen wichtigen Kern des Bonner Handschriftenbestandes ausmacht.

Der Erschließungszustand der Bonner mittelalterlichen Handschriften ist sehr gut. Bereits Mitte des 19. Jahrhunderts haben Anton Klette und Joseph Staender die Handschriften aus dem Bibliotheksbestand herausgezogen, sie mit eigenen Signaturen versehen und einen Katalog erstellt.[31] Kurzbeschreibungen der Bonner mittelalterlichen Buchhandschriften bietet der 1993 veröffentlichte Handschriftencensus Rheinland.[32] Einen umfangreichen modernen Katalog hat 2015 Jürgen Geiß nach Abschluss eines mehrjährigen DFG-Projektes vorgelegt[33] und diesen 2022 durch einen Aufsatz ergänzt, in dem er Beschreibungen der elf 2018 zurückerhaltenen Handschriften nachgeführt hat.[34] Online sind die Beschreibungen über „Manuscripta Mediaevalia"[35] und bald auch über das Handschriftenportal[36] zugänglich, das zurzeit als zentrales Portal für Beschreibungen von europäischen Buchhandschriften in deutschen Sammlungen aufgebaut wird. Darüber hinaus plant die ULB Bonn momentan die Digitalisierung und Präsentation aller mittelalterlichen Buchhandschriften in ihrem Bestand, die dann über die Digitalen Sammlungen der Bonner Universitätsbibliothek[37] online zugänglich sein werden.

Die 47 aus Koblenz erhaltenen Manuskripte sind fast ausschließlich theologischen Inhalts und entsprechen damit den Auswahlkriterien, die Welcker und Bernd 1820/21 bezüglich der Koblenzer Bestände definiert haben. Ganz überwiegend handelt es sich um spätmittelalterliche Handschriften des 14. und 15. Jahrhunderts. Nur zwei Manuskripte sind dem Hochmittelalter zuzurechnen. Die älteste Handschrift sind die *Sermones de tempore et de sanctis* (S 318)[38] aus dem Kollegiatstift St. Martinus und Severus in Münstermaifeld, die Geiß auf das dritte Fünftel des 12. Jahrhunderts datiert. Wohl aus der Mitte des 13. Jahrhunderts stammt die S 219, die *Allegoria in universam sacram scripturam*, die sich entweder auf das Koblenzer Minoritenkloster oder die Stiftsbibliothek St. Florin zurückführen lässt.[39] Bemerkenswert ist auch das in der ersten

Hälfte des 14. Jahrhunderts entstandene Münstermaifelder Legendar (S 369). Hier ist eine zweibändige Handschrift geteilt worden. Der erste Teil ist nach Bonn gelangt und unter der Signatur S 369 in den Bestand eingegliedert worden,[40] der zweite Teil ist in Koblenz verblieben und befindet sich heute als Depositum des Görres-Gymnasiums unter der Signatur Best. 710 Nr. 113a im Landeshauptarchiv Koblenz.[41] Schließlich ist noch auf zwei Handschriften mit besonderer Bedeutung für Koblenz hinzuweisen: Die Sammelhandschriften S 326 und S 327[42] enthalten teilweise autographe Schriften Heinrich Kalteisens. Der um 1390 geborene Koblenzer gehörte dem Dominikanerorden an, war ab 1452 Erzbischof von Nidaros in Norwegen und zog sich nach seiner Demission 1458 schließlich in das Koblenzer Dominikanerkloster zurück, wo er 1464 verstarb und auch bestattet wurde.

Die beiden Handschriften Heinrich Kalteisens stammen ursprünglich auch aus dem Koblenzer Dominikanerkloster. Die ausführlichen Beschreibungen von Jürgen Geiß, insbesondere seine Provenienzrecherchen, erlauben einen Blick auf die originäre Herkunft der in Bonn befindlichen Koblenzer Handschriften[43], bevor sie in die Gymnasialbibliothek gelangten. Da die Zuschreibung an die jeweiligen Klöster nicht immer mit letzter Sicherheit erfolgen kann, ist die Anzahl immer als „bis zu" zu verstehen. In der nachfolgenden Aufstellung sind die Handschriften in roter Schrift gekennzeichnet, die noch heute seit der Nachkriegszeit vermisst werden:

Kloster	Signaturen	Anzahl
Boppard, Karmeliter	S 67, S 319, S 325, S 726, S 730, S. 731, S 453, S 746	8
Koblenz, Gymnasium	S 376	1
Koblenz, Deutscher Orden	S 755	1
Koblenz, Dominikaner	S 306, S 307, S 326, S 327, S 729	5
Koblenz, Jesuiten	S 310	1
Koblenz, Kartause	S 372, S 391, S 1014, S 360	4
Koblenz, Minoriten	S 219, S 309, S 720, S 794, S. 1381, S 1593, S 1671, S 1012, S 1034	9
Koblenz, St. Florin	S 382	1
Mainz, St. Stephan	S 295	1
Münstermaifeld, Kollegiatstift	S 317, S 318, S 369	3
Niederwerth, Augustiner	S 269, S 287, S 288, S 290, S 291, S 300, S 313, S 314, S 320, S 361, S 362, S 363, S 364, S 365, S 393, S 455, S 594, S 732, S 1642, S 282, S 316, S 1035	22
Summe		56

Tab. 1: Provenienzen der Bonner Handschriften aus der Gymnasialbibliothek.

Die Aufstellung verdeutlicht, dass ein großer Teil der übernommenen Handschriften nicht aus den im Zuge der Säkularisation aufgelassenen Klöstern, sondern direkt aus dem Niederwerther Augustiner-Chorherrenstift stammt.

Der Bonner Bestand an mittelalterlichen Handschriften ist in den 1980er und 1990er Jahren in großem Umfang restauriert worden, so dass die Sammlung sich, rein buchbinderisch betrachtet, in einem guten Zustand befindet. Leider sind bei diesen Restaurierungsmaßnahmen häufig die alten Einbände durch ahistorische Oasenziegenledereinbände ersetzt worden (Abb. 2). Da diese Maßnahmen auch schlecht dokumentiert sind, wissen wir in der Regel nicht, wie die Handschriften vor den Restaurierungen beschaffen waren und ausgesehen haben. Außer den mittelalterlichen Buchhandschriften hat die Bonner Universitätsbibliothek 1821 auch eine Handschrift des 18. Jahrhunderts mit geistlichen Dichtungen (S 323), also ein neuzeitliches Manuskript, aus Koblenz erhalten.

Schließlich ist noch auf einen Sachverhalt hinzuweisen, der auf das ganze Tauschgeschäft ein etwas anderes Licht wirft. Ernst Dronke, der sich 1821 anscheinend in finanziellen Schwierigkeiten befand[44], nutzte den jetzt etablierten Kontakt zu Welcker, um der Bonner Universitätsbibliothek im Dezember 1821 auch zwei Handschriften aus seinem eigenen Besitz zum Kauf anzubieten.[45] Die Bibliothek erwarb die beiden Manuskripte – eine Handschrift des 15. Jahrhunderts mit Schriften von Cicero und Seneca (S 141) sowie eine gleichfalls aus dem 15. Jahrhundert stammende Sammelhandschrift (S 724) – und nahm sie in den Bestand der Bibliothek auf.[46]

Abb. 2: Homiliarium um 1430 aus dem ehemaligen Karmeliterkloster Boppard mit modernem Einband, ULB Bonn S 319.

Betrachten wir nun die Drucke des 15. Jahrhunderts, die Inkunabeln. Laut Aufstellung von Ernst Dronke hat die Koblenzer Gymnasialbibliothek 368 Inkunabeln nach Bonn abgegeben.[47] Im Bestand der ULB Bonn befinden sich heute 266 Ausgaben in 220 Bänden. Darüber hinaus werden seit der Nachkriegszeit noch vier weitere Ausgaben in drei Bänden aus Koblenz vermisst. Bis 1945 befanden sich also 270 Ausgaben in 223 Bänden in der Bonner Bibliothek. Die Bonner Inkunabelsammlung umfasst heute 1.307 Ausgaben in 1.038 Bänden.[48] Die aus Koblenz erhaltenen Bände umfassen damit gut 20% des momentanen Bestandes.

Die Diskrepanz zwischen den Abgabenzahlen und dem heutigen Bestand ist signifikant und ohne einen aufwändigen, im

Rahmen dieses Artikels nicht zu leistenden Abgleich der Abgabelisten von 1821 mit den noch vorhandenen Inkunabeln nicht zu klären. Es ist sehr wahrscheinlich, dass bis 1945 viele Bände im Zuge des früher üblichen Dublettentausches in andere Bibliotheken gelangt sind, so dass ehemalige Koblenzer Inkunabeln heute auch in anderen Bibliotheken zu finden sein dürften.

Auch bei den Inkunabeln entspricht das inhaltliche Profil den 1820 vereinbarten Auswahlkriterien und unterscheidet sich somit signifikant von den noch heute in Koblenz befindlichen Bänden, die Christina Meckelnborg in den letzten Jahren verzeichnet hat. Während der Bonner Bestand nahezu ausschließlich theologische Werke in lateinischer Sprache enthält, ist der Koblenzer Bestand sehr viel heterogener. Er enthält unter anderem auch einige Ausgaben antiker und humanistischer Autoren oder Drucke in deutscher Sprache wie die niederdeutsche Chronik der Stadt Köln von 1499.[49]

Herausragende Stücke des Bonner Inkunabelbestandes sind eine frühe lateinische Bibelausgabe aus der Bibliothek der Beilsteiner Karmeliten, die 1462 von Johann Fust und Peter Schöffer in Mainz herausgegeben wurde (Inc. 217), eine möglicherweise noch von Johannes Gutenberg um 1460 gedruckte Ausgabe des *Catholicon* (Inc. 155), eines lateinischen Wörterbuchs aus dem Bestand der Koblenzer Jesuiten[50], sowie ein umfangreicher Sammelband (Trägerband: Inc. 263 f) mit 13 Inkunabeln und drei Drucken nach 1500, alle in Paris gedruckt, aus der Bibliothek der Bopparder Karmeliten, den die ULB Bonn gleichfalls 2018 aus belgischem Privatbesitz zurückerhalten hat.[51]

Bei den Provenienzen der aus Koblenz übernommenen Inkunabeln ergibt sich ein vielfältigeres Bild als bei den Handschriften. Die 270 Wiegendrucke lassen sich sicher oder mutmaßlich 16 verschiedenen Vorgängereinrichtungen zuweisen. Allein bei neun Ausgaben in sieben Bänden ist eine Provenienzbestimmung nicht möglich. Besonders viele Ausgaben stammen aus der Bibliothek der Koblenzer Jesuiten (88), der Koblenzer Minoriten (70), der Bopparder Karmeliten (30) und der Koblenzer Kartäuser (29). Neben den vielen Büchern aus Klöstern des Koblenzer Raums ist mit einem Buch, welches ursprünglich zur Bibliothek von Metternich-Winneburg gehörte, sogar ein Band aus Privatbesitz in den Bonner Bestand gelangt.

Nachfolgend die Provenienzaufstellung der Koblenzer Inkunabeln:

	Ausgaben	Bände
Beilstein, Karmeliter	10	5
Boppard, Karmeliter	30	21
Boppard, Minoriten	3	3
Boppard, Sehl	2	2
Boppard, St. Nikolaus	1	1
Cochem, Kapuziner	8	5
Koblenz, Kartause	29	25
Koblenz, Augustiner	1	1
Koblenz, Dominikaner	9	9
Koblenz, Jesuiten	88	69
Koblenz, Minoriten	70	64
Koblenz, St. Agnes	1	2
Koblenz, St. Maria	1	1
Koblenz, unbestimmt	9	7
Metternich, Baron	1	1
Trier, St. Maria	1	1
Vallendar, Augustiner	2	3
	266	220
vermisste Inkunabeln	4	3
	270	223

Tab. 2: Provenienzen der Bonner Inkunabeln aus der Gymnasialbibliothek.[52]

Nicht in diese Zählung einzubeziehen, gleichwohl aber erwähnenswert sind Inkunabeln, die die Bonner Universitätsbibliothek 1822 wiederum direkt von Ernst Dronke aus dessen Privatbesitz erworben hat. Es handelt sich um zwei Käufe. Bereits Ende November 1821 bot Dronke Welcker drei Inkunabeln an, die er als Geschenk erhalten habe.[53] Die Bibliothek nahm die Offerte an, erwarb die drei Inkunabeln und gliederte sie in ihren Bestand ein.[54]

Wenig später, im Mai 1822, bot Dronke der Bibliothek eine weitere Inkunabel zum Kauf an, die gleichfalls erworben wurde.[55]

Abschließend noch einige Worte zum Erschließungsstand und zum konservatorischen Zustand des Bonner Inkunabelbestands. Ein moderner gedruckter Inkunabelkatalog, der auch Einbandbeschreibungen und Provenienzbestimmungen enthält, existiert nicht. Der bereits

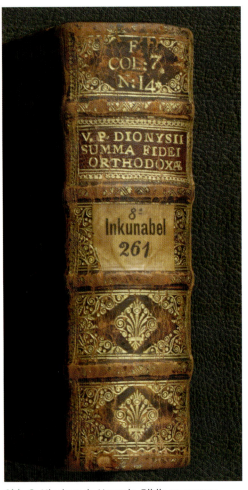

Abb. 3: Nicolaus de Hanapis, Biblia pauperum, Straßburg 1490. Buch und Einband aus der Bibliothek der Koblenzer Kartause, ULB Bonn, Inc. 251.

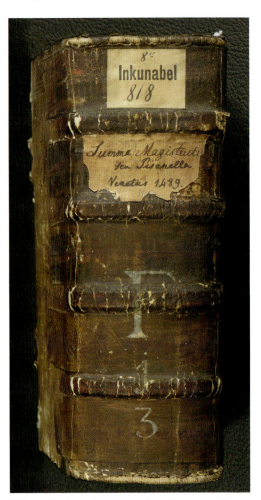

Abb. 4: Nicolaus de Auximo, Supplementum Summae Pisanellae, Venedig 1479. Buch und Einband aus der Bibliothek der Koblenzer Minoriten, ULB Bonn, Inc. 818.

1894 von dem bekannten Inkunabelforscher Ernst Voulliéme (1862–1930) veröffentlichte Katalog[56] ist inhaltlich und methodisch überholt, da der Bestand sich zwischenzeitlich durch Dublettenaustausch, Neukäufe und Kriegsverluste geändert hat und da dieses Verzeichnis auch keine Exemplarbeschreibungen enthält. Immerhin stellte Voulliéme anlässlich der Anfertigung des Katalogs die Inkunabeln gesondert auf und versah sie mit besonderen Signaturen. Online ist der Bonner Bestand über den Tübinger Inkunabelkatalog Inka[57] recherchierbar, die aufgeführten Exemplare enthalten aber in der Regel keine Provenienzbestimmungen. Exemplarnachweise für den Bonner Bestand finden sich auch in der Online-Datenbank des Gesamtkatalogs der Wiegendrucke[58] (GW) sowie im Incunabula Short Title Catalogue (ISTC)[59].

Der Bonner Inkunabelbestand war in den letzten Jahrzehnten Gegenstand vieler Restaurierungsmaßnahmen. Allerdings sind diese Restaurierungen in der Regel viel vorsichtiger erfolgt und auch besser dokumentiert als bei den Handschriften, so dass letztlich bei den Inkunabeln mehr Originalsubstanz erhalten ist und sich somit bei diesem Bestand das optische Erscheinungsbild der einzelnen Koblenzer Klosterbibliotheken leichter voneinander unterscheiden lässt (Abb. 3, Abb. 4). Darüber hinaus ist zuletzt, finanziert durch Bestandserhaltungsmittel des Landes Nordrhein-Westfalen, die Mehrzahl der Inkunabeln in Schutzverpackungen eingebracht und somit gesichert im Magazin aufgestellt worden.

Über die große Masse der aus Koblenz übernommenen Bücher, die Drucke des 16. bis 18. Jahrhunderts, lässt sich momentan nur wenig sagen. Der Bestand ist nach 1821/1822 nicht geschlossen aufgestellt, sondern gemäß der Systematik des Bonner Bestandes in die einzelnen Fächer eingereiht worden. Die meisten Bücher, die theologischen Titel, kamen damit in die Abteilung G (Theologie), die anderen übernommenen Bände in die Abteilungen B (Philosophie), I (Rechtswissenschaften) und L (Geschichte).[60] Der theologische Altbestand der Bonner Universitätsbibliothek hat den Zweiten Weltkrieg zwar überwiegend unzerstört überstanden[61], doch die Neukatalogisierung dieser Signaturengruppe mit insgesamt etwa 70.000 Bänden ist erst im letzten Jahr begonnen worden und wird sich auch noch viele Jahre hinziehen. Recherchierbar ist der theologische Bestand über einen digitalisierten Zettelkatalog[62], der häufig nur sehr rudimentäre Titeldaten bietet und darüber hinaus auch noch die Kriegsverluste beinhaltet. Erkennbar sind Titel aus der Koblenzer Gymnasialbibliothek an den Akzessionsnummern, auf den Titelkarten links unten eingetragen: 1821.399–532; 1822.94–97. Gleiches gilt auch für den juristischen Altbestand, der ebenfalls noch neu katalogisiert werden muss. Die wenigen übernommenen philosophischen und historischen Werke sind nach 1945 zwar neu katalogisiert worden und somit im bonnus-Suchportal der Bonner Universitätsbibliothek nachweisbar[63], allerdings sind viele Bände aus den Abteilungen B und L im Krieg zerstört worden, so dass auch Bände aus Koblenz zu den Bonner Kriegsverlusten zu rechnen sein dürften.

Die älteren Katalogisate der philosophischen und historischen Titel sind im bonnus-Suchportal nicht mit Provenienzangaben versehen. Seit einigen Jahren ist jedoch bei der Altbestandskatalogisierung der Bonner Universitätsbibliothek die Provenienzerfassung, also der vollständige Nachweis aller individuellen und korpora-

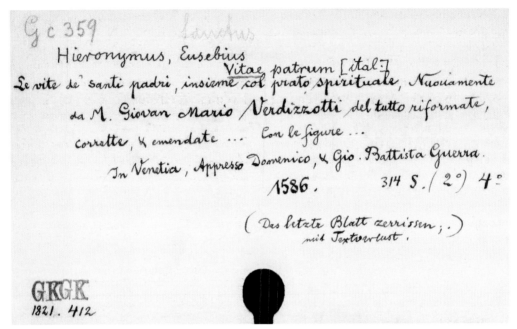

Abb. 5: Titelkarte aus dem Alten Katalog zu: Hieronymus, De vite de santi padri, Venedig 1586, mit der Akzessionsnummer 1821.412, ULB Bonn.

tiven Vorbesitzer eines Buches, ein standardisiertes Verfahren. Die Erfassung von Provenienzen und deren Recherchierbarkeit in elektronischen Katalogen ist eine wesentliche Voraussetzung für die Erforschung aufgelöster oder versprengter historischer Bibliotheken, die über große Verbundkataloge beziehungsweise einschlägige Portale rekonstruiert und damit zumindest virtuell wieder zusammengeführt werden können. Es ist nicht zielführend, früher auseinandergerissene Bestände physisch wieder zu vereinen. Damit würden die betroffenen Bücher nur aus neuen Sammlungszusammenhängen gerissen. Und wo hört ein entsprechender Prozess auf? Letztlich gründen auch die heutigen Bestände der Gymnasialbibliothek zu einem großen Teil auf den Bibliotheken vieler Klöster aus Koblenz und Umgebung, die in der Säkularisation aufgehoben und in die Gymnasialbibliothek überführt worden sind. Ebenso ist es verfehlt, an die damaligen Akteure heutige fachliche oder sogar moralische Maßstäbe anzulegen. Zwar sind Bücher in alten Bibliotheken nicht allein Textträger, sondern zugleich historische Artefakte. Sie standen und stehen in Sammlungszusammenhängen und sind am ehesten mit einem Puzzleteil zu vergleichen. Der Verlust eines einzelnen Buches bedeutet zugleich einen Informationsverlust bezüglich der gesamten Sammlung. Um im Bild zu bleiben: Es fehlt dann nicht nur ein Puzzleteil. Das Puzzle selbst weist eine deutliche Lücke auf, die den Blick auf das Gesamtbild erschwert. Dass aber historische Sammlungen deshalb unbedingt vollständig erhalten bleiben müssen, ist eine Erkenntnis, die sich erst in den letzten Jahrzehnten langsam durchgesetzt hat, die aber im 19. Jahrhundert noch keineswegs verbreitet war. Auch der heute verpönte

Dublettentausch, also die Abgabe eines doppelt oder mehrfach vorhandenen Titels im Tausch an eine andere Bibliothek, war noch bis ins 20. Jahrhundert hinein üblich.

Es wäre „brauchbar und wünschenswert", wenn in absehbarer Zeit auch eine virtuelle Rekonstruktion der Koblenzer Gymnasialbibliothek bzw. der Koblenzer Klosterbibliotheken über eine verteilt organisierte Provenienzerschließung in Bonn und Koblenz sowie ein gemeinsames Portal möglich wäre. Dieser dann deutlich erleichterte Zugang zu den Beständen würde der Wendung „Bücher ohne sieben Siegel" eine neue Bedeutung verleihen.

---

[1] Herbert Hömig, Altenstein – der erste preußische Kultusminister. Eine Biographie, Münster 2015, S. 212.

[2] Siehe dazu Christian Renger, Die Gründung und Einrichtung der Universität Bonn und die Berufungspolitik des Kultusministers Altenstein, Bonn 1982 (Academia Bonnensia 7).

[3] Vgl. zum Folgenden die immer noch grundlegende Darstellung von Wilhelm Erman, Geschichte der Bonner Universitätsbibliothek (1818–1901), Halle a. S. 1919 (Sammlung bibliothekswissenschaftlicher Arbeiten 37/38).

[4] Zu Welcker vgl. Reinhard Kekulé, Das Leben Friedrich Gottlieb Welckers nach seinen eigenen Aufzeichnungen und Briefen, Leipzig 1880; Erman, (wie Anm. 3), S. 38–45 (zur Persönlichkeit), S. 46–155 (zur Bonner Universitätsbibliothek unter Welcker); Renger (wie Anm. 2), S. 240–242; Markus Kirschbaum, Friedrich Gottlieb Welcker. Archäologe, Universitätsprofessor, Gründer des Akademischen Kunstmuseums Bonn (1784–1868), in: Internetportal Rheinische Geschichte, <https://www.rheinische-geschichte.lvr.de/Persoenlichkeiten/friedrich-gottlieb-welcker/DE-2086/lido/5d15dfe63d9501.31159900>, letzter Zugriff: 11.9.2023.

[5] Eine Übersicht über die Veröffentlichungen Welckers bietet Kekulé (wie Anm. 4), S. 487–513.

[6] Insofern ist auch die Kritik Ermans (wie Anm. 3), S. 41 f., an der Berufung Welckers unberechtigt, denn Erman, von 1908 bis 1920 Direktor der Bonner Universitätsbibliothek, postuliert das Idealbild eines Bibliotheksleiters, der sich nur der Bibliothek widmet. Dies war für seine Zeit sicher richtig – Erman war ausgebildeter und hauptberuflicher Bibliothekar –, kann aber nicht auf die erste Hälfte des 19. Jahrhunderts zurückprojiziert werden.

[7] Graham Jefcoate, An Ocean of Literature: John Henry Bohte and the Anglo-German Book Trade in the Early Nineteenth Century, Göttingen 2020, S. 263–293, hat zuletzt eindrücklich gezeigt, wie Welcker durch sein säumiges Zahlungsverhalten einen in London ansässigen deutschen Buchhändler in finanzielle Schwierigkeiten brachte.

[8] Erman (wie Anm. 3), S. 104.

[9] Vgl. zum Folgenden Erman (wie Anm. 3), S. 61–94.

[10] Erman (wie Anm. 3), S. 75 f.; Cornelia Hendricks, Die Bibliothek des Staatlichen Görres-Gymnasiums in Koblenz. Eine Untersuchung unter buch- und bibliotheksgeschichtlichen Gesichtspunkten, in: Bibliothek und Wissenschaft 23 (1989), S. 112–193, hier S. 142; Christina Meckelnborg (Bearb.), Mittelalterliche Handschriften im Landeshauptarchiv Koblenz, Bd. 1: Die nichtarchivischen Handschriften der Signaturengruppe Best. 701 Nr. 1–190, ergänzt durch die im Görres-Gymnasium Koblenz aufbewahrten Handschriften A, B und C, Koblenz 1998 (Veröffentlichungen der Landesarchivverwaltung Rheinland-Pfalz 8), S. 27–29; Christina Meckelnborg (Bearb.), Die Inkunabeln der Bibliothek der Stiftung Staatliches Görres-Gymnasium Koblenz, Wiesbaden 2002, S. 49–52.

[11] Zu Bernd vgl. Erman (wie Anm. 3), S. 29–31; Renger (wie Anm. 2), S. 212–214.

[12] Bitte um die Genehmigung einer Dienstreise an den Kurator der Universität Bonn, Philipp Joseph Rehfues, vom 3.12.1820, Akten UB Bonn Va, Fasz. 13, S. 53. Genehmigung von Rehfues vom 5.12.1820, ebd., S. 55.

[13] Der folgende Absatz beruht auf dem Entwurf eines umfänglichen Berichts von Welcker wohl an Rehfues vom 23.12.1820 über seine Bemühungen um verschiedene Altbestandsbibliotheken des Rheinlandes. Akten UB Bonn Va, Fasz. 3, S. 9–16, zur Gymnasialbibliothek Koblenz ebd. S. 9–12.

[14] Zu Dronke s. Hendricks (wie Anm. 10), S. 141 f.; Meckelnborg, Handschriften (wie Anm. 10), S. 29–31; Meckelnborg, Inkunabeln (wie Anm. 10), S. 46–48.

[15] Die Mitgabe der Kataloge scheint eine Eigenmächtigkeit Dronkes gewesen zu sein. Bereits am 11.1.1821 schrieb er an Welcker und bat um Rücksendung der Kataloge. Er habe aus einer Unterredung mit einem Rat des Konsistoriums

gemerkt, dass die Behörde es nicht billige, dass er die Kataloge aus den Händen gegeben habe. Akten UB Bonn Va, Fasz. 13, S. 61.
16 Akten UB Bonn Va, Fasz. 12, S. 63.
17 UB Bonn, Akzessionsjournal 1821, Nr. 128, S. 399–532.
18 Schreiben von Rehfues an Welcker vom 19.11.1821. Akten UB Bonn Va, Fasz. 13, S. 115.
19 Schreiben von Ingersleben an Welcker vom 20.11.1821. Akten UB Bonn Va, Fasz. 13, S. 95.
20 Verzeichnis der 54 Bände. Akten UB Bonn Va, Fasz. 13, S. 103.
21 Schreiben von Konsistorialrat Auer an Welcker vom 18.2.1822. Empfangsbestätigung für die übersandten Bücher. Akten UB Bonn Va, Fasz. 13, S. 101.
22 Ausführlicher Untersuchungsbericht Dronkes zu den laut Welcker noch fehlenden abzuliefernden Büchern aus der Koblenzer Gymnasialbibliothek vom 29.5.1822; Akten UB Bonn Va, Fasz. 13, S. 117 [5 Bll. außerhalb der Seitenzählung].
23 UB Bonn, Akzessionsjournal 1822, Nr. 73, S. 94–97. Umfangreicher Bericht Bernds über die erhaltenen Bücher vom 21.8.1822. Akten UB Bonn Va, Fasz. 13, S. 121–133.
24 Erman (wie Anm. 3), S. 77.
25 So die ironische Charakterisierung bei Meckelnborg, Inkunabeln (wie Anm. 10), S. 49.
26 Hendricks (wie Anm. 10), S. 143; Meckelnborg, Inkunabeln (wie Anm. 10), S. 51 f.
27 Schreiben von Rehfues an Welcker vom 18.7.1838. Akten UB Bonn Va, Fasz. 5, S. 119. Zur Provenienz Diesterweg siehe auch Erman (wie Anm. 3), S. 114, sowie die Provenienzseiten der ULB Bonn. Diesterweg / Münchow [https://www.sammlungen.ulb.uni-bonn.de/de/historische-drucke/historische-bibliotheken/diesterweg-muenchow, letzter Zugriff: 7.9.2023].
28 UB Bonn, Akzessionsjournal 1821, Nr. 128, S. 399–532. Ich danke an dieser Stelle meinem ehemaligen Kollegen Manfred Weber, der mir für diesen Artikel seine Handakte zu den Koblenzer Dubletten zur Verfügung gestellt hat. Die in dem Text wiedergegebene Aufstellung beruht auf seiner Auswertung des Akzessionsjournals.
29 Birgit Schaper/Michael Herkenhoff, Ein kapitaler Bücherdiebstahl, in: Jahrbuch für Buch- und Bibliotheksgeschichte 5 (2020), S. 131–190, hier S. 168 (S 391).
30 Auflistung der noch vermissten Handschriften ebd. S. 184–187.
31 Anton Klette/Joseph Staender, Catalogi Chirographorum in Bibliotheca academica Bonnensi servatorum catalogus, Bd. 1–2, Bonn 1858–1876.
32 Günter Gattermann (Hg.), Handschriftencensus Rheinland. Erfassung mittelalterlicher Handschriften im rheinischen Landesteil von Nordrhein-Westfalen mit einem Inventar, Wiesbaden 1993 (Schriften der Universitäts- und Landesbibliothek Düsseldorf 18,1–2 u. Reg.).
33 Jürgen Geiß, Katalog der mittelalterlichen Handschriften der Universitäts- und Landesbibliothek Bonn, Berlin/Boston 2015.
34 Jürgen Geiß-Wunderlich, Kriegsverlust, Finderglück und gutes Ende. Elf aus Belgien restituierte mittelalterliche Handschriften der Universitäts- und Landesbibliothek Bonn, in: Mittellateinisches Jahrbuch 57 (2022), S. 165–200.
35 Manuscripta Mediaevalia: Universitäts- und Landesbibliothek Bonn http://www.manuscripta-mediaevalia.de/#|5, letzter Zugriff: 12.9.2023.
36 Handschriftenportal [https://handschriftenportal.de, letzter Zugriff: 12.9.2023]. Die Katalogisate der Bonner Handschriften sind bisher nicht in das Handschriftenportal eingespeist worden. Dies soll im Rahmen der 2. Förderphase des Projektes bis Ende 2025 erfolgen.
37 Universitäts- und Landesbibliothek Bonn: Digitale Sammlungen [https://www.sammlungen.ulb.uni-bonn.de/de/digitale-sammlungen, letzter Zugriff: 12.9.2023].
38 Beschreibung Geiß (wie Anm. 33), S. 85–87.
39 Beschreibung ebd., S. 219.
40 Siehe dazu Geiß (wie Anm. 33), S. 167–171.
41 Beschreibung Meckelnborg, Handschriften (wie Anm. 10), S. 109–121.
42 Siehe zu Heinrich Kalteisen und den beiden Handschriften Geiß (wie Anm. 33), S. XLIV, 104–113 (S 326), 113–128.
43 Übersicht über die einzelnen Provenienzen ebd. S. XLIII–XLVI.
44 So Meckelnborg, Handschriften (wie Anm. 10), S. 48.
45 Schreiben Dronkes (Koblenz) an Welcker v. 7.12.1821. Akten UB Bonn Va, Fasz. 2, S. 293.
46 Die beiden Handschriften sind von der Bibliothek am 30.4.1822 akzessioniert worden. Akzessionsjournal 1822, S. 25: „Am 25sten April von Oberlehrer Dronke in Coblenz gekauft". Ein Preis wird in dem Journal nicht erwähnt. In dem Schreiben vom 7.12.1821 hatte Dronke ursprünglich zwölf Reichstaler genannt, in einem weiteren Brief an Welcker vom 24.12.1821, Akten UB Bonn Va, Fasz. 2, S. 297, überlässt er diesem die Festsetzung des Preises.
47 Hendricks (wie Anm. 10), S. 143; Meckelnborg, Inkunabeln (wie Anm. 10), S. 28.
48 Sammlungen ULB Bonn DE / Historische Drucke / Inkunabeln [https://www.sammlungen.ulb.uni-bonn.de/de/historische-drucke/inkunabeln,

letzter Zugriff: 13.9.2023]. Die Zahlen auf der Website basieren auf einer aktuellen Bestandszählung, in der die Ausgaben, Bände und Exemplare der Bonner Inkunabelsammlung erhoben worden sind.

[49] Siehe z. B. Meckelnborg, Inkunabeln (wie Anm. 10), Nr. 163 (Celsus), Nr. 165–173 (Cicero) oder Nr. 380 (Ovid), Nr. 390 (Petrarca), Nr. 400–403 (Aneas Silvius Piccolomini), Nr. 164 (Chronik der Stadt Köln), Nr. 439 (deutschsprachige Ausgabe der Schedelschen Weltchronik).

[50] Das *Catholicon* war den Bonner Bibliothekaren schon bei der Durchsicht des Koblenzer Bestandes aufgefallen. In einem Brief Welckers an den Oberpräsidenten von Ingersleben vom 13.6.1821 erwähnt er, dass das *Catholicon* in Koblenz gleich in zwei Exemplaren vorgefunden worden sei. Akten UB Bonn Va, Fasz. 13, S. 83–85. Tatsächlich befindet sich noch heute in der Bibliothek des Görres-Gymnasiums ein weiteres Exemplar unter der Signatur Inc. 73. Siehe Meckelnborg, Inkunabeln (wie Anm. 10), Nr. 71. Das *Catholicon* zählte zu den als besonders wertvoll eingeschätzten Inkunabeln, deren Abgabe nach Bonn der Direktor Klein bereits 1822 öffentlich beklagte. Siehe Meckelnborg, Inkunabeln (wie Anm. 10), S. 51. Zur komplizierten Druckgeschichte des *Catholicon* vgl. Wolfgang Schmitz, Grundriss der Inkunabelkunde. Das gedruckte Buch im Zeitalter des Medienwechsels, Stuttgart 2018 (Bibliothek des Buchwesens 27), S. 127–129. Danach gibt es drei verschiedene Fassungen, deren Satz her nahezu identisch sind, aufgrund der verwendeten Papiere aber um mindestens zwölf Jahre auseinanderliegen dürften. Das Bonner wie auch das Koblenzer Exemplar des *Catholicon* sind beide der dritten Fassung zuzuweisen, die ausweislich des verwendeten Papiers frühestens 1472 erschienen sein dürfte.

[51] Dieser Band ist inzwischen digitalisiert, die einzelnen Stücke sind über die Digitalen Sammlungen der Bonner Universitätsbibliothek online zugänglich [https://nbn-resolving.org/urn:nbn:de:hbz:5:1-235222, letzter Zugriff: 10.9.2023]. In der Notiz zu dem Digitalisat sind die angebundenen Stücke aufgelistet und verlinkt.

[52] Die Aufstellung beruht auf den Provenienzangaben in einer internen Inkunabeldatenbank der Bonner Handschriftenabteilung, die Philipp Bohr für diesen Artikel überprüft und vervollständigt hat. Dafür danke ich ihm herzlich!

[53] Schreiben Dronkes an Welcker vom 29.11.1821. Akten UB Bonn Va, Fasz. 2, S. 291 f.

[54] Die drei Bände sind am 29.5.1822 inventarisiert worden. UB Bonn, Akzessionsjournal 1822, Nr. 23, S. 19: „Am 29ten May gegen Doubletten der Bibliothek vom Oberlehrer Dronke in Coblenz angekauft."

[55] Brief von Dronke an Welcker vom 23.5.1822. Akten UB Bonn Va, Fasz. 4, S. 177. Akzession am 2.7.1822. UB Bonn, Akzessionsjournal 1822, Nr. 76, S. 100. Es handelt sich um die heutige Inc. 962, eine venezianische Ausgabe von Plinius, *Historia Naturalis* von 1497.

[56] Ernst Voulliéme, Die Incunabeln der Königlichen Universitäts-Bibliothek zu Bonn. Ein Beitrag zur Bücherkunde des XV. Jahrhunderts, Leipzig 1893–1894 (Beiheft zum Centralblatt für Bibliothekswesen, 4, 11–13), online: [https://nbn-resolving.org/urn:nbn:de:hbz:5:1-201061, letzter Zugriff: 10.9.2023]; vgl. zum Bonner Inkunabelbestand auch Severin Corsten, Der rettende Hafen. Die Inkunabelsammlung der UB Bonn, in: Verband der Bibliotheken des Landes Nordrhein-Westfalen. Mitteilungsblatt N.F. 38 (1989), S. 124–131.

[57] Inkunabelkatalog Inka [http://www.inka.uni-tuebingen.de/, letzter Zugriff: 10.9.2023].

[58] Gesamtkatalog der Wiegendrucke [https://www.gesamtkatalogderwiegendrucke.de/, letzter Zugriff: 25.9.2023].

[59] Incunabula Short Title Catalogue [https://data.cerl.org/istc/_search?lang=de, letzter Zugriff: 25.9.2023].

[60] Vgl. zur Fächergliederung des Bibliotheksbestandes vor 1945 Renate Vogt, Der Systematische Katalog, in: Dies. (Hg.), Aus der Geschichte der Universitätsbibliothek Bonn. Hartwig Lohse zum Abschied, Bonn 1993 (Bonner Beiträge zur Bibliotheks- und Bücherkunde 31), S. 42–70.

[61] Zu den Auslagerungen und den Kriegsverlusten vgl. Michael Herkenhoff, Auslagerung und Rückführung der Bestände der Universitätsbibliothek Bonn (1942–1947), in: Festschrift für Gerd Brinkhus. Wiesbaden 2008 (Wolfenbütteler Notizen zur Buchgeschichte 33), S. 77–93; Michael Herkenhoff, Kulturgutschutz rheinischer Bibliotheken im Zweiten Weltkrieg. Das Beispiel der Universitätsbibliothek Bonn, in: Kulturgutschutz in Europa und im Rheinland. Franziskus Graf Wolff Metternich und der Kunstschutz im Zweiten Weltkrieg, Wien u. a. 2021 (Brüche und Kontinuitäten 5), S. 423–438.

[62] Alter Katalog / Katalog des unrevidierten Altbestandes bis 1945 [https://ulbbonn.dilib.info/(S(2lsgtz4ilivzabkvjwbhc2tu))/Start.aspx, letzter Zugriff: 10.9.2023].

[63] Universitäts- und Landesbibliothek Bonn: Suchportal Bonnus [https://www.ulb.uni-bonn.de/de, letzter Zugriff: 13.9.2023].

Was vom Kloster übrig blieb: Relikte aus Koblenzer Klöstern in den Beständen des Mittelrhein-Museums

Claudia Heitmann

Heutzutage sind die meisten der zahlreichen Klosteranlagen, die einst Koblenz prägten, aus dem Stadtbild ebenso verschwunden wie aus dem Bewusstsein der Menschen. Zwischen der Schließung der Klöster zu Beginn des 19. Jahrhunderts und dem Beginn einer kontinuierlichen musealen Sammlungstätigkeit und der Gründung des Schlossmuseums lagen mehr als 100 Jahre. Entsprechend befinden sich heute in den Beständen des Mittelrhein-Museums Objekte, die laut zumeist mündlicher Quellen auf die ehemals vielfältige Klosterlandschaft in Koblenz zurückzuführen sind. Architekturfragmente, Malereien, Altäre oder Figuren sind nicht nur ihrem Charakter und Zweck nach vollkommen verschieden. Ebenso variantenreich waren die Wege, auf denen sie vor vielen Jahrzehnten in die Sammlung gelangten.

Bergung aus den Trümmern

Den Zerstörungen des Zweiten Weltkriegs fielen weite Bereiche der Koblenzer Altstadt zum Opfer. Auch die Gebäude des alten *Dominikanerklosters* wurden durch Bombenangriffe zerstört. Kirche und umliegende Gebäude brannten aus. Lediglich das barocke Portal am Klostereingang markiert heute als einziges Relikt im Stadtbild die ursprüngliche Lage der Anlage. Acht Schlusssteine wurden 1946 aus den Trümmern geborgen. Fünf der erhaltenen Steine zeigen figürliche Darstellungen, einer eine Blattornamentik und zwei Steine zeigen Stifterwappen, die nicht eindeutig zuzuordnen sind. Reste einer farbigen Fassung sind in Teilen erhalten geblieben. Die Schlusssteine zeugen von der Gestaltung des südlichen Seitenschiffs der Klosterkirche, wie sie nach Baumaßnahmen des 15. Jahrhunderts ausgesehen hatte.[1] Bevor die Anlage Mitte der 1950er Jahre endgültig abgeräumt wurde, untersuchte man erneut den noch vorhandenen Schutt und förderte knapp 40 Bodenfliesen aus der Mitte des 13. Jahrhunderts zu Tage. Sie waren wahrscheinlich in Urbar hergestellt worden, wo zu der damaligen Zeit zahlreiche Produktionsstätten für Baukeramik existiert hatten. Die roten und grauen Fliesen mit Blattwerk-Ornamentik waren schachbrettartig verlegt. In ihrer Gesamtheit geben sie einen guten Eindruck von der Beschaffenheit und Gestaltung von Fußböden in mittelalterlichen Kirchen. Zusätzlich zu diesen ornamentalen Fliesen besitzt das Museum noch drei weitere Bodenfliesen mit figürlichen Darstellungen. Sie waren in der Nachkriegszeit in private Hände gelangt und später für die Museumssammlung erworben worden (Abb. 1).

Abb. 1: Bodenfliese mit Hirsch aus dem ehemaligen Dominikanerkloster Koblenz, um 1250/60, Ton, H 14,2 x B 14,2 cm, Mittelrhein-Museum Koblenz, Inv.-Nr. 1011a.

Ebenso ins Lapidarium des Mittelrhein-Museums gelangten 38 Schlusssteine der im November 1944 zerstörten Jesuitenkirche. Sie sind mit Hausmarken und Wappen versehen, teil mit jesuitischer Symbolik, wie dem Herz Jesu. Als in der Nachkriegszeit der Plan entstand, dass die Kirche nicht rekonstruiert, sondern abgebrochen und nach Plänen von Gottfried Böhm neu errichtet werden sollte, wurden sie in die städtische Sammlung verbracht. Darüber hinaus fanden 22 Schlusssteine unterschiedlichster Motive ihren Platz als Wanddekoration in der heute sogenannten Citykirche.[4]

Großzügige Schenkung

Der katholische Frauenverein St. Barbara wurde zu Beginn des 19. Jahrhunderts gegründet und benannte sich nach dem Augustinerinnenkloster St. Barbara in der Löhrstraße. Dort unterhielt er ab 1832 ein Waisenhaus. Die noch vorhandenen Ausstattungsgegenstände von Kirche und Klosterbauten wurden offenbar übernommen. Als im Jahr 1908 ein Neubau errichtet wurde, zogen Altäre und Bilder mit an den neuen Standort.[5] Kurz bevor das Waisenhaus 1971 geschlossen wurde, stiftete der Frauenverein dem städtischen Museum mehrere herausragende Tafelmalereien, die ihren Ursprung im Augustinerinnenkloster hatten. Zum einen handelt es sich um vier mittelalterliche Tafeln, die verschiedene Heiligengruppen zeigen. Zwei widmen sich den in Köln populären Heiligen Ursula, die mit ihren Gefährtinnen und der heiligen Scholastika dargestellt ist, und Gereon mit seinen Begleitern. Die anderen beiden zeigen jeweils vier weibliche Heilige, wie man sie für ein Nonnenkloster erwarten würde, nämlich Margareta, Lucia, Dorothea und Agatha auf der einen sowie Agnes, Barbara, Cäcilia und

Die Kirche des Dominikanerinnenklosters „St. Martin" in der Görgengasse (in der Verlängerung der heutigen Görgenstraße) fiel in den 1950er Jahren den städtebaulichen Umstrukturierungen in der Altstadt zum Opfer. Für die Anlage der Viktoriastraße musste die aus dem 17. Jahrhundert stammende Kirche weichen. Auf die Bedeutung der Kirche war nicht zuletzt von Fritz Michel hingewiesen worden.[2] Entsprechend suchte man aus den Trümmern intakte Architekturfragmente heraus, um sie zu sichern. Darunter befanden sich ein Grundstein-Fragment mit dem Metternich'schen Wappen, der von einem Wappen bekrönte Türsturz zur Eingangspforte mit der Inschrift Convent S. Martini, mehrere Schlusssteine mit farbigem Rosettenmotiv und Eckkonsolsteine. Im Koblenzer Lokalanzeiger wies man eigens auf die Rettungsaktion hin und betonte, dass die Steine zukünftig im Museum ausgestellt werden sollten.[3]

Katharina auf der anderen Tafel. Die vier Malereien stammen alle aus der Hand eines Künstlers, der um 1460/70 tätig war.[6] Sie gehören zu zwei verschiedenen Serien, wie an der unterschiedlichen Gestaltung des Bodens zu erkennen ist. Während die weiblichen Heiligen mit ihren Attributen auf einem Fliesenboden stehen, dient bei den anderen zwei Tafeln ein Rasenstück als Grund. Die jeweils durchlaufende Brüstung hinter den Figuren legt den Schluss nahe, dass es sich hier um Relikte einer ehemaligen Vertäfelung handeln könnte, zu der eventuell noch mehr Einzelbilder gehört hatten. Nähere Angaben über die Malerei sind nicht überliefert. So wissen wir heute weder, wie die Tafeln nach Koblenz kamen, noch, ob es ursprünglich eine größere Anzahl gegeben haben mag. Auch der Aufstellungsort innerhalb des Klosters ist nicht bekannt.

Ebenso im Dunkeln liegt der Ursprung zweier Altartafeln. Um das Jahr 1600 hatte ein Kölner Kopist eine Kopie vom ursprünglich um 1495 entstandenen *Thomasaltar* des sogenannten Meisters des Bartholomäusaltars (um 1445 – um 1515) angefertigt. Es ist zu vermuten, dass der Altar ursprünglich für die Kirche des Augustinerinnenklosters gedacht war. Vor dem Umzug in die Löhrstraße im Jahr 1706 lag dieses im Bereich des sogenannten Vogelsang, auf den heute noch ein Straßenname verweist. Wie das Werk nach Koblenz gelangte, ist nicht belegt.[7] Bis heute erhalten haben sich nur die beiden Seitenflügel sowohl mit ihrer farbigen Innenseite als auch mit der Außendarstellung der heiligen *Symphorosa* bzw. der heiligen *Felicitas*, die jeweils in Grisailletechnik gestaltet sind. Diese beiden mütterlichen Märtyrerinnen, die jeweils mit ihren sieben Söhnen dargestellt sind, waren geradezu prädestiniert für die Ausstattung eines Waisenhauses. Eine historische Fotografie von 1908 zeigt die beiden Tafeln in einem Durchgangsraum neben einem kleinen Altar (Abb. 2). Was mit der Mitteltafel geschah, konnte bislang nicht geklärt werden.

Museale Vereinnahmung

Aus dem städtischen Hospital, das seit Beginn des 19. Jahrhunderts in den Gebäuden des ehemaligen Koblenzer *Franziskanerklosters* untergebracht gewesen war, stammen einige bedeutende Objekte des Mittelrhein-Museums. Im Jahr 1921 hatte der damalige Museumsdirektor Adam Günther beantragt, drei Kunstwerke aus der Hospitalkirche in das neu einzurichtende Schlossmuseum zu überführen. Die Hospitalleitung protestierte vehement und argumentierte, dass die Kunstwerke im Brandfall in der steinernen

Abb. 2: Altartafeln mit den Heiligen *Symphorosa* (links) und *Felicitas* (rechts) im Flur des Waisenhauses St. Barbara, zeitgenössische Fotografie s/w, um 1908.

Abb. 3: Schlossmuseum, Blick in den roten Damastsaal, vor 1944, Fotografie s/w, H 10 x B 13,5 cm, Stadtarchiv Koblenz FA 1-534 Kurfürstliches Schloss. Links neben der Tür die *Pietà*, rechts davon der *Kreuzigungsaltar* (in einer alten Rahmung), flankiert von den Figuren aus der Deutschordenskommende, der *Muttergottes* und der *Hl. Elisabeth*; über dem Kamin die *Anbetung der Heiligen Drei Könige* von Jörg Breu.

Kirche sicherer seien als im Schloss, konnte sich aber nicht durchsetzen. Als Kompromiss wurden die Objekte vorerst nicht übereignet, sondern lediglich ausgeliehen.[8] So fanden der *Kreuzigungsaltar*, die *Anbetung der Könige* von Jörg Breu (ca. 1475–1536) und eine *Pietà*-Figur dauerhaft Aufstellung im sogenannten roten Damastsaal des Schlosses (Abb. 3). Hier ergänzten sie Gemälde der Sammlung des Pfarrers Lang und weitere Skulpturen zu einer beeindruckenden Präsentation mittelalterlicher Kunst. Erst bei der 1933 von Hanns Sprung durchgeführten Museumsinventur wurden die drei Objekte mit Nummern versehen und dem Bestand endgültig zugeordnet. Auch wenn die Quellenlage dürftig ist, gelten die Werke heute aufgrund der mündlichen Überlieferung als Ausstattungsgegenstände des Koblenzer Franziskanerklosters. Die *Pietà* und auch der *Kreuzigungsaltar* sind stilistisch mittelrheinischen Künstlern des 14. bzw. 15. Jahrhunderts zuzuordnen, so dass die Provenienz nicht unschlüssig ist. Die Landschaftsdarstellung im Hintergrund der Kreuzigung legt zudem einen Bezug auf das Rheintal und eventuell sogar auf die Stadt Koblenz nahe. Der Weg der *Anbetung der Heiligen Drei Könige*, die Jörg Breu 1518 in Augsburg schuf, nach Koblenz ist hingegen unerforscht. Die Aufstellung des Werks in einem Franziskanerkloster am Mittelrhein ist umso geheimnisvoller, als es sich bei einem der Könige um das Porträt eines namentlich bekannten, reichen Augsburger Kaufmanns handelt.[9]

Abb. 4: *Engel mit Kelch*, um 1460, Glasmalerei, H 42 x B 32 cm, Mittelrhein-Museum Koblenz, Inv.-Nr. KG987.

Gelegentliche Ankäufe

Einige wenige Objekte kamen im Laufe der Jahrzehnte über einen Ankauf in die Museumssammlung. Aus Privatbesitz gelangte ein Steinfiguren-Paar aus der *Deutschordenskommende* in städtischen Besitz. Die beiden Figuren der *Muttergottes* und der heiligen *Elisabeth* gehörten eventuell zum Schmuck zweier Nebenaltäre in der Kirche, die eben diesen Heiligen geweiht war. Über den zwischenzeitlichen Verbleib der spätgotischen Skulpturen seit der Säkularisation ist nichts Näheres bekannt.

Von einem Bendorfer Kunsthändler wurde 1963 das Glasgemälde *Engel mit Kelch* erworben, das um 1460 zu datieren ist (Abb. 4). Es hatte ebenso wie eine Kreuzigungsdarstellung, die heute im Seitenschiff der Koblenzer Liebfrauenkirche verbaut ist, seinen Ursprung in der Kapelle des *Heilig-Geist-Spitals* in der Löhrstraße, das zu Beginn des 18. Jahrhunderts von den Augustinerinnen übernommen und ausgebaut wurde.[10] Die Kapelle bestand bis 1930, als das gesamte verbliebene Klosterareal abgerissen wurde.

Gerettet – gestohlen – verloren – zurückgekehrt

Der Erhalt von Kunstgegenständen über die Jahrhunderte hinweg ist zumeist von glücklichen Zufällen auf der einen Seite und entschiedenem Handeln im richtigen Moment auf der anderen Seite abhängig. Als aufsehenerregendstes Beispiel hierfür dient die Geschichte des Triptychons mit der *Speisung der Fünftausend*, das wohl ursprünglich im *Franziskanerkloster* beheimatet war. Es entstand im Umkreis des niederländischen Malers Lucas van Leyden (1494–1533), der lange Zeit als Urheber angesehen wurde, und ist in das erste Drittel des 16. Jahrhunderts zu datieren (Abb. 5). Das Werk wurde 1933 bei einer Ortsbegehung in einem Wohnraum zweier alter Damen im sogenannten Pfründnerheim gefunden.[11] Dieses befand sich seit dem 19. Jahrhundert neben dem Hospital auf dem Gelände des ehemaligen Franziskanerklosters. Der Kurator der städtischen Sammlung, Hanns Sprung, und der damalige Leiter des Kulturamtes, Wilhelm Smits, erkannten trotz des desolaten Zustands des Triptychons seinen künstlerischen Wert, nahmen es in ihre Obhut und sorgten für eine Restaurierung der Malerei. Aus dem Kriegsdepot auf der Festung Ehrenbreitstein, wohin große Teile der Museumbestände ausgelagert worden waren, wurde das Objekt 1945 von einem amerikanischen Soldaten gestohlen. Über 20 Jahre galt es als verloren, bis es 1968 in London auf einer Auktion wieder auftauchte. Glücklicherweise erkannte ein zufällig anwesender Bendorfer Kunsthändler das Triptychon als Museumsbesitz wieder, woraufhin die Versteigerung verhindert werden konnte.[12] Nach einigen juristischen Verwicklungen konnte die Stadt Koblenz den Altar zurückerwerben. Heute ist er Teil der Dauerausstellung des Museums.

Ein materielles Gedächtnis mit großen Erinnerungslücken

Mit all diesen Objekten bewahrt das Mittelrhein-Museum einen wichtigen Bestandteil des stadthistorischen Gedächtnisses. Die in vielen Teilen nicht unkomplizierten historischen Abläufe, die häufig ungenauen Darstellungen und nicht zuletzt die Vielzahl der involvierten Institutionen nach der Säkularisation erschweren eindeutige Zuordnungen. Die nur in zufälligen Einzelobjekten erhaltenen Ausstattungen

Abb. 5: Lucas van Leyden (Umkreis), *Speisung der Fünftausend*, 1. Drittel 16. Jh., Öl auf Leinwand, H 85 x B 107,5 cm (geöffnet), Mittelrhein-Museum Koblenz, Inv.-Nr. M1968_67.

und die zumeist auf Hörensagen beruhende, fragmentarische Überlieferung der Provenienzen erlauben kaum eindeutige Aussagen zu Herkunft, Nutzung und Aufstellungsort der Objekte.

Dies ist wohl der Grund dafür, dass man sich von Seiten des Museums bei der Präsentation und Forschung stets auf den unbestrittenen künstlerischen und kunsthistorischen Wert dieser Kunstschätze beschränkt hat. Nicht einmal Adam Günther, der wesentliche Teile der Kirchenausstattung des Franziskanerklosters in das Schlossmuseum geholt hatte, hielt es für notwendig, im Sammlungsführer auf die Herkunft hinzuweisen,[13] obgleich die komplette Klosteranlage in den 1920er Jahren noch vorhanden war.

So warten die überkommenen Relikte der reichen Koblenzer Klosterkultur weiter auf eine interdisziplinäre Zusammenführung aller erreichbaren Objekte. Eventuell könnte aus kleinen Einzelteilen ein „Puzzle" zusammengefügt werden, das von heute aus gesehen zwar viele Lücken hätte, aber vielleicht doch eine Ahnung vom Gesamtbild vermitteln könnte.

[1] Die genaue Zuordnung der Steine geschah aufgrund der Baubeschreibung der Klosterkirche von Michel aus den 1930er Jahren. Vgl. Fritz Michel (Bearb.), Die kirchlichen Denkmäler der Stadt Koblenz, Düsseldorf 1937 (Die Kunstdenkmäler der Rheinprovinz; Bd. 20, 1), S. 236.

[2] Vgl. Michel 1937 (wie Anm. 1), S. 290 f.

[3] Koblenzer Lokalanzeiger, 30./31.08.1958.

[4] Vgl. Kurt Eitelbach, Von der Renaissance ins 20. Jahrhundert. Kleine Kunstgeschichte des Jesuitenkollegs, in: Historisches Rathaus der Stadt Koblenz. Dokumentation zur Generalsanierung des Rathauses – Gebäude II, hg. v. d. Stadt Koblenz, Koblenz 1985, S. 38–62.

[5] Vgl. Der Katholische Frauenverein St. Barbara in Coblenz. Entstehung, Geschichte und Wirken unter besonderer Berücksichtigung des St. Barbara-Waisenhauses. Zur Erinnerung an die Einweihung des neuen Waisenhauses mit Kapelle am 20. Oktober 1908, Coblenz 1908, S. 40.

[6] Zur Malerfrage vgl. Fritz Michel, Coblenzer Maler und Glasbrenner im späten Mittelalter, in: Rheinische Heimatblätter (1924), Nr. 4, S. 119–125.

[7] Marcos stellte 2004 die These auf, „dass die Herkunft der Koblenzer Tafeln aus dem Barbara-Waisenhaus […] einen Zusammenhang mit der Koblenzer Kartause nicht aus[schließt], da die dort ansässigen Augustinerinnen bis 1708 ihr Domizil im Vogelsang, unmittelbar neben dem Stadthof der Kartäuser hatten. Die Kopien dürften also zumindest durch Vermittlung des Ordens nach St. Barbara gelangt sein." Siehe Andacht & Krieg: Von der Koblenzer Kartause zum Fort Konstantin (Festschrift zum 10-jährigen Jubiläum Pro Konstantin e. V.), hg. v. Dieter Marcos, Lahnstein 2004, S. 123.

[8] Stadtarchiv Koblenz, 623 Nr. 6819, S. 97–101, Beschluss der Hospitalkommission vom 25. April 1921.

[9] Vgl. Kranz, Annette, Zum „Herrn mit der Pelzmütze" von Hans Holbein dem Älteren. Das Bildnis des Augsburger Kaufmanns Philipp Adler, in: Marburger Jahrbuch für Kunstwissenschaft 33 (2006), S. 175–195.

[10] Zum Heilig-Geist-Spital vgl. Joseph Mündnich, Das Hospital zu Coblenz. Festschrift zur Hundertjahrfeier, Coblenz 1905, S. 18–31; als jüngste zusammenfassende Darstellung zum Koblenzer Hospitalwesen siehe die Internetseite von Reinhard Kallenbach unter https://www.dr-dr-reinhard-kallenbach.de/stadthygiene/teil-2-Bürgerhospital [Stand: 12.10.2023].

[11] Vgl. Jahresbericht des Städtischen Schloßmuseums Koblenz, in: Rheinische Heimatpflege 7 (1935), S. 567.

[12] Gestohlener Flügelaltar kehrt zurück nach Koblenz. Odyssee der „Speisung der Fünftausend" endlich beendet, in: Rhein-Zeitung, 17./18.05.1968.

[13] Vgl. Adam Günther, Führer durch das Städtische Museum im früheren Residenzschloß zu Coblenz, Coblenz 1923, S. 22 f.

Die historische Bibliothek der Stiftung Staatliches Görres-Gymnasium

Armin Schlechter

Die heutige historische Bibliothek der *Stiftung Staatliches Görres-Gymnasium* diente im Lauf ihrer Geschichte einerseits als Sammelbecken für ältere Büchersammlungen in erster Linie aus geistlichen Institutionen. Andererseits kam es immer wieder zu Verlusten. Diese lagen in historischen Entwicklungen begründet, hatten ihre Ursache aber auch in dem Nutzungsbruch, der entstand, als aus den Büchern aus Klöstern und Stiften eine säkulare Schulbibliothek mit ganz anderem fachlichen Zuschnitt gebildet wurde. Für den modernen Schulbetrieb spielt eine solche historische Sammlung letztlich dann keine Rolle mehr, vielmehr tritt ihr Quellenwert für Stadt und Region mehr und mehr in den Vordergrund.

Von der Gründung der Bibliothek bis zum Ende des 18. Jahrhunderts

Die institutionellen Wurzeln dieser Sammlung liegen beim Koblenzer Jesuitenkolleg. Der gegenreformatorisch orientierte Trierer Kurfürst-Erzbischof Jakob von Eltz (1510–1581)[1] holte den Orden 1580 nach Koblenz. 1582 wurde ein Jesuitenkolleg im zu diesem Zweck aufgehobenen Zisterzienserinnenkloster in der Leer gegründet. Nach einer Erweiterung des Baus in den Jahren 1591 bis 1597 wurde die Bibliothek im Westflügel des Konvents aufgestellt.[2]

In der neu aufzubauenden Bibliothek des Jesuitenkollegs ging die Büchersammlung des 1437 gegründeten Augustiner-Chorherrenstifts Niederwerth auf, das im gleichen Zusammenhang 1580 aufgelöst worden war. Heute lassen sich noch 50 Handschriften aus dieser Provenienz nachweisen, die teils im eigenen Skriptorium hergestellt worden sind. Hinzu kommen 25 Inkunabeln, die am typischen handschriftlichen Besitzvermerk erkennbar sind.[3] Nachdem noch im Gründungsjahr 1582 Jakob von Eltz den Aufbau der Bibliothek finanziell unterstützt hatte, lassen sich im Lauf der Zeit mehrere Schenkungen von Büchern meist durch Kleriker nachweisen; hinzu kamen immer wieder Geldgeschenke und testamentarische Verfügungen. Dies zeigt die große Attraktivität des Koblenzer Jesuitenkollegs in dieser Zeit. Einer der Donatoren war der kurfürstlich-trierische Rat Johann Burkhard Wimpfeling, der im Dreißigjährigen Krieg seine von seinen Vorfahren begründete Bibliothek im Jesuitenkolleg untergebracht hatte und sie dieser Einrichtung am 14. Juni 1639 schenkte.[4] Auch die Studienordnung der Jesuiten sah die jährliche Anschaffung von Büchern vor.[5]

1768 wurde ein handschriftlicher Bandkatalog der Büchersammlung des Jesuitenkollegs angelegt, der etwa 4.000 Titel in 5.000 Bänden erfasst (Kat.-Nr. 40). Darunter waren gut 50 Handschriften und nach heutigem Stand etwa 130 Inkunabeln. Inhaltlich nahm das Fach Theologie mit über 2.200 Titeln den größten Raum ein; hier waren viele Autoren aus dem Orden selbst vertreten. Aufbewahrt wurden die in 22 Fachgruppen systematisch geordneten Bücher in Schränken mit Gittertüren.[6] Es handelte sich bei dieser Sammlung um eine Klosterbibliothek mittlerer Größe, wie sie für viele geistliche Einrichtungen dieser Zeit typisch war. Nachdem im Oktober 1768 eine Verordnung von Kurfürst-Erzbischof Clemens Wenzeslaus von Sachsen Missstände in den Jesuitenkollegien in Koblenz und Trier thematisiert hatte, hob Papst Clemens XIV. am 21. Juli 1773 den Orden auf, was zur Schließung des Koblenzer Kollegs im September dieses Jahres führte. Noch im gleichen Monat eröffnete Clemens Wenzeslaus als Rechtsnachfolger des Jesuitenkollegs den Betrieb in Form des *Kurfürstlichen Kollegiums ad Joannem Baptistam* wieder. In den folgenden Jahren wurden etwa 650 Bände neu angeschafft und in einem Auctarium verzeichnet, wobei auch hier Theologie noch eine dominierende Rolle spielte.[7]

Die Bibliothek in der Zeit der französischen Fremdherrschaft

Der lineare Bestandsaufbau der Bibliothek des Jesuitenkollegs beziehungsweise des Kurfürstlichen Kollegiums fand sein Ende im Gefolge der französischen Revolutionskriege sowie in der von 1794 bis 1813 reichenden Zeit der französischen Fremdherrschaft. Im Herbst 1794 wurde Koblenz von der französischen Armee eingenommen. Bereits im August 1794 war vom Wohlfahrtsausschuss eine *Commission des sciences et arts* für die besetzten Gebiete gegründet worden, die Kunstschätze und Bücher auswählen und nach Paris bringen sollte. 1804/05 kam der Bibliothekar Gaspard Michel Leblond (1738–1809) nach Koblenz. Er erbeutete nach eigenen Angaben etwa 300 Bände in den Bibliotheken der Karmeliter, der Franziskaner-Rekollekten sowie insbesondere im Dominikanerkloster. Aus dem Kurfürstlichen Kollegium transportierte er 46 Kisten ab, die wahrscheinlich aber neben Büchern der Jesuitenbibliothek die 1779 gegründete Landständische oder Landschaftliche Bibliothek enthielt, geschätzt zusammen etwa 4.000 Bände.[8] 1796 wurde mit Anton Keil ein weiterer Raubgutkommissar im Auftrag der Regierung in die besetzten Gebiete geschickt. Er plünderte in Koblenz vor allem in den Bibliotheken der Dominikaner und Franziskaner, während sein Besuch in der ehemaligen Jesuitenbibliothek wenig ertragreich blieb. Ein Teil der konfiszierten Bücher wurde in Bonn und Köln versteigert.[9]

Mit dem Frieden von Campo Formio fielen am 17. Oktober 1797 die linksrheinischen Gebiete an Frankreich und wurden im Frieden von Lunéville am 9. Februar 1801 endgültig in den französischen Staatsverband eingegliedert. Bereits im Januar 1798 fand die Einteilung in vier Départements statt. Entscheidend für das Schicksal der Koblenzer Buchbestände war die Säkularisierung der Klöster durch einen Erlass der französischen Konsularregierung vom 9. Juni 1802 und die Nationalisierung ihres Besitzes.[10] Etwa zeitgleich berichtete der 1778 in Ehrenbreitstein geborene Schriftsteller Clemens Brentano am 22. Juni 1802 brieflich an den Rechtshistoriker Friedrich Karl von Savigny in Marburg über die Zustände in Koblenz:

„Unter aller Erwartung tief steht das Schulwesen und der Geschmack hier, die Lehrer, sind dumme, gute, lüderliche und unwißende Kameraden die im Jesuiter Collegio rund um die theils von ihnen, theils von den Franzosen geplünderte Jesuiten Bibliothek wohnen, die noch vortrefliche Alterthümer enthält aber alle Bücher liegen auf einem Haufen auf der Erde, und Koth und Menschenkoth drunter, es sind noch viele alte Juristen drinn unter andern, ein ungeheuer gros Folio erster Druk des Justinians, alles dies könnte man leicht kaufen, da kein Katalog da ist, und jeder Lehrer einzeln verkauft [...] auch an der Mosel sind solche Bücher Spottwohlfeil."[11]

In der Folge wurde der Metzer Benediktiner Jean Baptiste Maugérard (1735–1815) zum Kommissar für die Kunstschätze in den vier rheinischen Départements ernannt. Vor seinem Besuch im Mai 1803 waren die Bestände der bereits geplünderten Koblenzer Klosterbibliotheken bis April 1803 im Franziskaner-Rekollektenkloster zusammengezogen worden, zusammen etwa 8.000 Bände. Um die Jahreswende 1802/03 kamen die Bibliotheken der Bopparder Franziskaner-Rekollekten und Karmeliter hinzu, so dass Maugérard einen Fonds von etwa 10.000 Bänden inspizieren konnte. Tatsächlich erbeutete er in Koblenz zusammen nur etwa 50 Inkunabeln und Postinkunabeln. Diese Maßnahme bildete den Abschluss der französischen Raubzüge. Die Zeit der Fremdherrschaft brachte in der Summe die Vernichtung und Zerstreuung der Bestände der „reichen mittelrheinischen Bibliotheken" mit sich.[12]

Im Zuge der Eingliederung der vier rheinischen Départements in den französischen Staatsverband kam es zu einer Neuordnung des Schulwesens. Im *Département du Rhin et Moselle* mit seiner Hauptstadt Koblenz wurde das Kurfürstliche Gymnasium mit seiner Bibliothek 1798 in eine *École secondaire* umgewandelt. Der Mathematiker Johann Nikolaus Simon (1761–1815) amtierte als Leiter dieser Einrichtung. Er wurde im Oktober 1799 Präsident der *École secondaire* und stand ihr vom Juli 1805 bis zu seinem Tod als Direktor vor.[13] Obwohl die Bibliothek nun Teil einer Schule nach französischem Vorbild war, erbeutete Maugérard auch hier 21 frühe Drucke.[14]

Die Bibliothek des Jesuitenkollegs beziehungsweise des Kurfürstlichen Kollegiums wurde am 11. Mai 1803 in eine *Bibliothèque publique du département* umgewandelt; Direktor blieb weiter Simon. Die neue Einrichtung sollte um die noch übrigen Reste der Klosterbibliotheken des Rhein- und Moseldépartements bereichert werden. Am 12. Dezember 1804 verfügte der französische Präfekt, dass die im Kloster der Franziskaner-Rekollekten bewahrten Bücher in den Besitz der *École secondaire* übergehen sollten. Mit der Übernahme wurde Simon beauftragt, der aus den Büchern des Kollegs und der Klosterbibliotheken eine neue Sammlung mit einem Umfang von 8.000 Bänden für schulische Zwecke schuf. Allerdings bewirkte er in diesem Prozess den Untergang von großen Teilen der früheren Sammlungen, die er als beschädigt oder wertlos einstufte. Nach eigenen Aussagen könnten etwa 600 theologische Bücher noch verkauft werden, während für *plusieurs mille* nur noch der Papierwert zu erlösen sei. Aus dem Ertrag sollten neue Bücher für die *instruction publique* angeschafft werden. 1806 richtete sich Simons Augenmerk auf die Bibliotheken dreier Moselklöster, des Franziskanerklosters in Merl, des Karmeliterklosters in Beilstein sowie des Kapuzinerklosters in Cochem. Bei der Inventarisierung 1802 hatten sich hier 752, 680 und 762 Bände vorgefunden, zusammen etwa 2.200 Bände. Heute lassen sich aus Merl noch 23 Bände, aus Beilstein 280 Bände und aus Cochem 90 Bände nachweisen, zusammen nur noch etwa 400 Bände; der Rest wurde von Simon verkauft, der den historischen Sammlungen offensichtlich einen nur geringen Wert beimaß, beziehungsweise wanderte – zum geringeren Teil – 1821 nach Bonn ab (s. Beitrag Herkenhoff).[15] Die im Zuge dieses Nutzungsbruchs beim Übergang von Sammlungen geistlicher Einrichtungen an die Koblenzer Gymnasialbibliothek entstandenen Verluste überstiegen mengenmäßig wahrscheinlich die durch geregelte und ungeregelte Plünderungen durch Franzosen entstandenen Abgänge. Solche massiven Dezimierungen von Klosterbibliotheken im Gefolge der Säkularisation fanden allerdings im frühen 19. Jahrhundert häufig statt.

Eine Erweiterung erhielt die Bibliothek der *École secondaire* in Folge eines Erlasses des französischen Präfekten vom 22. Februar 1806 durch die Übernahme der von der Regierung beschlagnahmten Bibliothek Metternich. Sie wurde von Lothar von Metternich (1551–1623) begründet, der 1599 zum Kurfürst-Erzbischof von Trier gewählt worden war, die Gegenreformation förderte und ein eigenes Wappen-Supralibros nutzte (Kat.-Nr. 34–36).[16] Über seine Neffen gelangte die Sammlung an die Linie der Grafen von Metternich-Winneburg und Beilstein. Graf Franz Georg Karl von Metternich-Winneburg (1746–1818) brachte sie in den siebziger Jahren des 18. Jahrhunderts nach Koblenz und stellte sie im Metternicher Hof auf, 1794 wurde sie auf die Festung Ehrenbreitstein ausgelagert und 1806 mit der Bibliothek der *École secondaire* vereinigt. Obwohl 1818 und 1821 Teile zurückgegeben worden sind, finden sich heute noch etwa 900 Bände dieser Provenienz in der Gymnasialbibliothek. Viele Bücher dieser Adelsbibliothek weisen bemerkenswerte Einbände und punzierte Goldschnitte auf (Kat.-Nr. 34–36).[17]

Die Gymnasialbibliothek nach dem Übergang der Rheinlande an Preußen 1815

Nach dem Zusammenbruch der napoleonischen Herrschaft fielen die Rheinlande am 15. Mai 1815 an Preußen. Aus der *École secondaire* wurde unter dem Namen *Königliches Gymnasium zu Coblenz* eine Lehranstalt nach preußischem Muster. Allerdings erlitt die Gymnasialbibliothek auch in der Folge immer noch Verluste, da ihre Bestände weiterhin Begehrlichkeiten von außen erweckten, die von der Schulleitung nicht abgewehrt werden konnten oder gegen die sie sich nicht wehren wollte. Schon im April 1814 wurde Joseph Görres (1776–1848) zum Direktor des öffentlichen Unterrichts im Generalgouvernement Mittelrhein ernannt. Neben der Förderung der Gymnasialbibliothek versuchte er wahrscheinlich erfolglos, die in der Zeit der Fremdherrschaft überwiegend undokumentiert geraubten Koblenzer Bibliotheksbestände wiederzuerlangen.[18]

Zuständig für die Bibliothek wurde nun Ernst Dronke (1797–1849), der ab 1818 als Lehrer am Koblenzer Gymnasium arbeitete und sich nebenamtlich um die Bibliothek kümmerte, die er in großer Unordnung vorfand. Er begann mit der Neuordnung und Katalogisierung des Bestandes. Hierbei stellte er die Inkunabeln gesondert auf und legte 1820 einen ersten Bestandskatalog vor, den er 1834 noch einmal überarbeitete.[19] In Dronkes Amtszeit fällt allerdings mit dem „Bönnischen Tauschgeschäft" eine erneute erhebliche Bestandsdezimierung. 1818 wurde die Universität Bonn gegründet. Sie übernahm 1819 643 Bände und 93 Sammelbände der Koblenzer Rechtsschule, die 1816 an die Gymnasialbibliothek abgegeben worden waren, unter ihnen aber auch Bände aus der eigentlichen Gymnasialbibliothek. Der Bonner Oberbibliothekar Friedrich Gottlieb Welcker (1784–1868) wurde in diesem Zusammenhang auf die Theologica in Koblenz aufmerksam und erreichte über das Berliner Ministerium, dass im Juni 1821 nach heutigem Stand 56 Handschriften,[20] 368 Inkunabeln und 533 Drucke späterer Zeit nach Bonn abgegeben wurden. Sie stammten überwiegend aus dem Jesuitenkolleg und nur zum geringen Teil aus aufgehobenen Klöstern in Koblenz und seiner Umgebung, wie Welcker behauptet hatte. Heute sind die seinerzeit an die Universitätsbibliothek Bonn abgegebenen Drucke in den Hauptbestand eingereiht und mit Ausnahme der Inkunabeln nur mit großer Mühe dort wieder identifizierbar. Für die Koblenzer Gymnasialbibliothek erwies sich das vermeintliche Tauschgeschäft aber als Reinfall. Hier erhielt man lediglich 54 Dubletten aus Bonn vor allem philologischer Art und erst 1827 eine Entschädigung von 700 Reichstalern, die weit unter dem Wert der abgegebenen Bestände lag.[21] Unter den Abgaben finden sich auch einzelne Stücke aus dem Bonner Gründungsbestand, aus der Universitätsbibliothek Duisburg und vor allem aus dem Besitz des Coburger und Erlanger Philologen Gottlieb Christoph Harless (1738–1815; Abb. 1).[22] 1832 verfügte die Gymnasialbibliothek nach Dronkes Aussage über 5.700 Werke in 7.800 Bänden. Das nun wichtigste Fach sei die Geschichte mit fast 2.000 Bänden, gefolgt von der Theologie mit 1.430 Bänden. Im gleichen Jahr legte Dronke, der in seiner Amtszeit in erster Linie bisher fehlende Bücher des Fachs klassische Altertumskunde erworben hatte, einen Katalog der Handschriften vor, der 232 Bände mit 500 Werken verzeichnete. 1841 wechselte er als Direktor nach Fulda, nachdem er einen dreizehnbändigen Realkatalog angefertigt hatte. Eine Revision im Folgejahr ergab einen Bestand von 12.000 Bänden.[23]

Von 1844 bis 1875 wurden die Bestände der Gymnasialbibliothek mit denen der Stadtbibliothek Koblenz vereinigt, wobei letztere durch Einkleben eines Exlibris mit der Aufschrift *Bibliotheca Civitatis Confluentinae* kenntlich blieben. Auch in dieser Zeit kam es zu Dublettenverkäufen. Da die Bibliothekare der Gymnasialbibliothek den städtischen Bestand vernachlässigten, wurden beide Bibliotheken wieder getrennt. 1867 war die Gymnasialbibliothek auf 19.000 Bände angewachsen, und 1904 lag der Bestand bei 23.000 Bänden. Moderne Schwerpunkte der Bibliothek wurden nun die neueren Philologien, Pädagogik und Didaktik.[24]

Weitere Abgänge aus dem Bestand der Gymnasialbibliothek betrafen die Handschriftensammlung. Joseph Görres musste 1819 Koblenz aufgrund von Konflikten mit der preußischen Regierung verlassen. Etwa die Hälfte seiner zu diesem Zeitpunkt 193 Codices umfassenden Handschriftensammlung ließ er sich 1844 nach München liefern. Den Rest schenkte er am 17. Oktober 1844 dem Gymnasium, wo er selbst Schüler und Lehrer gewesen war. Es handelte sich um 88 Handschriften des 12. bis 16. Jahrhunderts vor allem aus dem Benediktinerkloster St. Maximin in Trier sowie dem Zisterzienserkloster Himmerod, die er sich in den Wirren der französischen Zeit angeeignet hatte. 1911 musste der Großteil dieser Handschriften – letztlich gegen den Willen ihres

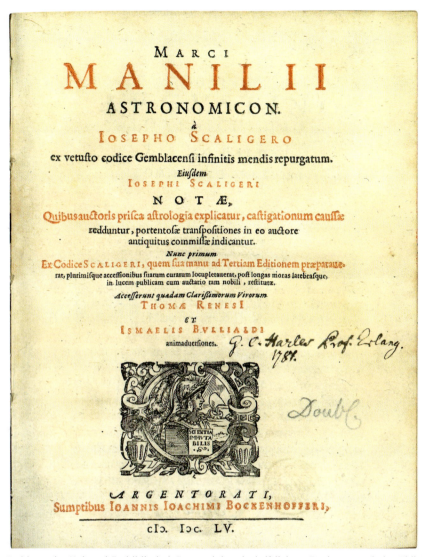

Abb. 1: Dublette der Universitätsbibliothek Bonn mit handschriftlichem Besitzvermerk des Philologen Gottlieb Christoph Harless, 1781. Signatur: GymBibKO 3724 SOM.

ursprünglichen Besitzers – an die Königliche Bibliothek in Berlin verkauft werden, die 1903 die meisten Görres-Handschriften aus seinem Nachlass erworben hatte; lediglich fünf Codices mit lokalgeschichtlichem Wert gingen als Depositum an das Staatsarchiv Koblenz und dieselbe Zahl an die Stadtbibliothek Trier. Schon 1908 waren die Archivalien und Handschriften der Gymnasialbibliothek auf Betreiben des Direktors des Staatsarchivs Koblenz als Depositum an seine Einrichtung abgegeben worden, zusammen 233 Handschriften und zwei Faszikeln mit Handschriftenfragmenten. Sie sind heute Teil des Bestands 701.[25]

Nachdem der Erwerbungsetat in den Jahren des Ersten Weltkriegs und auch danach deutlich gefallen war, konnte die Bibliothek 1933 in neue Räume in einem Anbau an der Nordseite des 1894 errichteten Schulgebäudes umziehen, wo nun in drei Bibliotheksräumen in zwei Stockwerken fast 30.000 Bände und ein Lesesaal untergebracht werden konnten. In den dreißiger Jahren des 20. Jahrhunderts erarbeitete der Studienrat Heinrich Merz (1887–1971) einen Katalog der Sammlung, der im Zweiten Weltkriegs unterging. 1944 wurden die wertvollsten Bestände in 187 Kisten verpackt und in eine Schiefergrube im Kaulenbachtal in der Eifel ausgelagert, wo es zu Plünderungen kam, zudem waren die Kisten der Witterung ausgesetzt. Erst im Dezember 1947 genehmigte die französische Militärregierung die Rückführung der Bestände, die im März des Folgejahres wieder in Koblenz anlangten.[26]

Da die Bibliothekseinrichtung durch einquartierte deutsche und französische Soldaten zerstört worden war, erwies sich die Aufstellung der Bibliothek als schwierig; sie wurde teils im Keller eingelagert, teils im Bibliothekszimmer und in Klassenräumen untergebracht. 1959 setzten Planungen für einen Bibliothekstrakt mit zwei Geschossen ein, der am 11. März 1967 bezogen werden konnte. Er war zu klein dimensioniert worden, weshalb sich bis heute Reste der Bibliothek im Keller finden.[27] Da ein Katalog der Bestände ab 1501 immer noch fehlte, erschlossen die für die Bibliothek zuständigen Lehrer Peter und Magdalene Klein einen Teil des Altbestandes im System *bibliotheca*. Im gleichen Zusammenhang erhielt der Großteil der Bücher des grob systematisch aufgestellten Bestandes mangels älterer nutzbarer Signaturen eine laufende numerische Zählung.[28]

Die Bibliothek der Stiftung Staatliches Görres-Gymnasium heute

Der heutige Umfang der Bibliothek der *Stiftung Staatliches Görres-Gymnasium* wird mit 20.105 beziehungsweise 23.300 Bänden angegeben. Aus dem 16. Jahrhundert stammen gemäß dem Handbuch der historischen Buchbestände 1.945 Bände, aus dem 17. Jahrhundert 2.134 Bände, aus dem 18. Jahrhundert 4.873 Bände sowie aus dem 19. Jahrhundert 11.153 Bände. Die Zahl der Titel wird höher sein, lässt sich aber erst nach Abschluss der Erschließung näher bestimmen. Etwa 800 Bände stammen aus dem Jesuitenkolleg, etwa 900 Bände aus der Bibliothek Metternich und etwa 1.500 Bände aus den anderen aufgehobenen Klöstern in Koblenz und an der Mosel.[29] Viele Bände aus ehemaligem Klosterbesitz lassen sich keiner Provenienz zuweisen, da handschriftliche Besitzvermerke fehlen. Dies gilt insbesondere für die Bücher der Koblenzer Dominikaner, die nur selten gekennzeichnet sind.

Besser lassen sich die Inkunabeln fassen, da 2022 ein gedruckter Katalog erschienen ist. Die Sammlung des Görres-Gymnasiums umfasst 540 Buchinkunabeln sowie 29 Inkunabel-Einblattdrucke. Rund 260 der 425 Bände tragen noch ihre spätgotischen Einbände. Sie stammen überwiegend aus dem Augustiner-Chorherrenstift Niederwerth, aus den Koblenzer Klöstern der Dominikaner, der Franziskaner-Rekollekten sowie der Kartause und dem Jesuitenkolleg, aus den Bopparder Klöstern der Franziskaner-Rekollekten und der Karmeliter sowie aus den Bibliotheken von drei Moselklöstern, der Karmeliter in Beilstein, der Kapuziner in Cochem sowie der Franziskaner in Merl. Beispiel für eine kleine Provenienz ist das Koblenzer Karmeliterkloster, das mit zwei Inkunabeln vertreten ist. Das wertvollste Stück, ein

Fragment der 42-zeiligen Gutenbergbibel, wird als Vorsatzblatt einer Handschrift im Landeshauptarchiv Koblenz aufbewahrt.[30] Vor allem den Inkunabeln kamen die von der Stiftung zur Verfügung gestellten Mittel für Restaurierungen und Reparaturen zugute, die von verschiedenen Werkstätten ausgeführt worden sind.[31] Allerdings entsprechen viele Arbeiten nicht den modernen restauratorischen Standards.

Neben den Drucken sind einige Handschriften zu nennen, bei denen es sich überwiegend um ältere Teilkataloge des Bestandes handelt, unter ihnen der Katalog der Bibliothek des Jesuitenkollegs in Koblenz aus dem Jahr 1768 (Kat.-Nr. 40). Zu nennen ist weiter eine Sammlung von aus Büchern ausgelösten Exlibris, die Heinrich Merz um 1930 angelegt hat. Soweit das Buch dokumentiert ist, aus dem die Exlibris ausgelöst worden sind, sollen sie mittelfristig wieder dort eingeklebt werden. Schließlich existieren zwei Kartons mit verschiedenen Handschriften-, Druck- sowie Einbandfragmenten, die nach Möglichkeit ebenfalls wieder ihren ursprünglichen Trägerbänden zugeordnet werden sollen.

Bis 2020 waren die Drucke und andere Materialien im nicht klimatisierbaren Bibliotheksbau aus dem Jahr 1967 aufgestellt. Hier standen die einzelnen, stark verschmutzten Bände aus Platzmangel viel zu dicht aneinander.[32] Zudem ist ein zweiter Nutzungsbruch zu konstatieren, da der historische Altbestand für den aktuellen Schulbetrieb kaum mehr eine Rolle spielt; diese Funktion hatten schon 1989 eine Handbibliothek für Lehrer sowie eine Schülerbibliothek übernommen.[33]
Im Juli 2022 unterzeichneten die *Stiftung Staatliches Görres-Gymnasium*, die Stadt Koblenz sowie das Landesbibliothekszentrum Rheinland-Pfalz einen *Vertrag über die Reinigung, Erschließung, Aufbewahrung und Zugänglichmachung der historischen Bibliothek der Görres-Stiftung*, der vorsieht, dass die Sammlung vom Landesbibliothekszentrum bearbeitet und künftig am Standort Rheinische Landesbibliothek Koblenz in einem klimatisierten und gesicherten Magazin aufgestellt werden soll.[34]

Im Sinne dieser Vereinbarung wurden die Inkunabeln sowie die Drucke des 16. und 17. Jahrhunderts bereits partienweise an einen Dienstleister zur Trockenreinigung übergeben, die teils blattweise erfolgen muss. Bereits begonnen wurde mit der entsprechenden Aushebung der Drucke des Zeitschnitts von 1701 bis 1850. Im Anschluss wird geprüft, wie mit den Drucken ab 1851 verfahren werden soll. Auf die Reinigung folgt die Katalogisierung der einzelnen Drucke auf der Ebene des Verbundkatalogs des Hochschulbibliothekszentrums Nordrhein-Westfalen, in denen die Bestände der nordrhein-westfälischen und der meisten rheinland-pfälzischen wissenschaftlichen Bibliotheken nachgewiesen sind.[35] Hierbei werden auch die Provenienzen erfasst, also die Besitznachweise von Personen und Institutionen, auf die die einzelnen Bände zurückgehen. Weitere Schritte sind die Anfertigung von Kassetten auf Maß aus säurefreiem Archivkarton sowie restauratorische Maßnahmen, die sich über einen längeren Zeitraum hinziehen werden. Vor allem aufgrund von Holzwurmbefall sind zahlreiche Buchdeckel in ihrem Bestand geschädigt worden oder im Lauf der Zeit verloren gegangen. Bücher aus dem Koblenzer Kloster der Franziskaner-Rekollekten wurden am Rücken teils mit schwarzer Farbe überstrichen, um eine äußerliche Vereinheitlichung zu erreichen. Die Farbe griff das Leder stark an und beschädigte es irreparabel, was zu Teil- oder Komplettverlusten führte (Abb. 2).

Abb. 2: Bücher aus der Bibliothek des Koblenzer Franziskaner-Rekollektenklosters mit schwarz überstrichenen Buchrücken und aufgemalter Signatur.

Im späten 18. und 19. Jahrhundert wurde der Sinn geistlicher Einrichtungen grundsätzlich infrage gestellt, was zu den Klosteraufhebungen in dieser Zeit führte. Entsprechend wurden große Teile der Bestände ihrer Bibliotheken, vor allem aus den theologischen Fächern, als nutzlos abgewertet, was zu erheblichen Bestandsverlusten beim Übergang an andere, meist säkulare Einrichtungen wie Schulen und Universitäten führte. Den einzelnen Klosterbibliotheken wurde kein Ensemblewert beigemessen; im Fokus der Begehrlichkeiten der Zeit standen in erster Linie Zimelien, wie dies für die Raubzüge der französischen Zeit, aber auch für das „Bönnische Tauschgeschäft" gilt. Für den Schulbetrieb der Zeit waren aus inhaltlichen Gründen große Segmente nicht brauchbar.

Bücher gewachsener Bibliotheken sind mit ihren Besitzvermerken, ihren Einbänden, handschriftlichen Eintragungen und vielen anderen sogenannten Exemplareigenschaften als möglichst vollständige Sammlungen wertvolle landeshistorische Quellen. Aus inhaltlicher Sicht kommt den einzelnen Bibliotheken als Ensembles – entweder vollständig oder in Form von Mosaiksteinen – Quellenwert für die Geistesgeschichte der einzelnen Institution zu.[36] Die historische Bibliothek der *Stiftung Staatliches Görres-Gymnasium* bewahrt als ihren wertvollen Kern heute nur noch Anteile der Bibliotheken des Jesuitenkollegs und der zu Beginn des 19. Jahrhunderts aufgehobenen Klöster sowie der Bibliothek Metternich, dies aber immerhin in Form einer separat aufgestellten Sammlung, mit der in dieser Form gearbeitet werden kann. Im Gegensatz zu anderen Bundesländern, wo Bücher aus geistlichen

Institutionen im Zuge der Säkularisation an teils weit entfernte Hof- oder Universitätsbibliotheken abgegeben werden mussten, sind diese Bestände noch vor Ort und wurden, von den Anteilen an Raubgut und an Abgaben der preußischen Zeit abgesehen, nicht an weit entfernte andere Bibliotheken transferiert.[37] Neben dem 2022 erschienenen Katalog der Inkunabeln dieser Sammlung liefert auch die bereits begonnene Erschließung der Drucke des 16. und 17. Jahrhunderts, die mit einem Umfang von etwa 260 laufenden Metern immer noch eine große Mächtigkeit haben, neue Erkenntnisse zur Buch- und Bibliotheksgeschichte der Region. So spielte beispielsweise die Stadt Köln für den Erwerb vieler Bücher eine große Rolle, und auch viele Einbände sind in örtlichen Werkstätten angefertigt worden (Kat.-Nr. 17 u. 28). Spuren der Befestigung von Ketten an Büchern aus dem Koblenzer Franziskaner-Rekollektenkloster weisen darauf hin, dass dort um 1500 eine Kettenbibliothek bestanden haben muss (Kat.-Nr. 21), die sonst nicht nachweisbar ist. In der Bibliothek des Dominikanerklosters ist die aufgrund seiner eigenhändigen Besitzvermerke fassbare, ehemals große Büchersammlung des 1638 verstorbenen Ordensmitglieds Johann Andreas Coppenstein aufgegangen, der in der Gegenreformation an Rhein und Neckar eine große Rolle spielte (Kat.-Nr. 20). Zu welchen Erkenntnissen die Provenienzforschung führen kann, machen exemplarisch zwei Widmungsexemplare des elsässischen Humanisten und Kirchenreformers Jakob Wimpfeling an den Koblenzer Kartäuser Lambertus Pascualis sowie von Ulrich von Hutten an den späteren Straßburger Reformator Martin Bucer deutlich (Kat.-Nr. 19 u. 20). Aus dem Jesuitenkolleg haben sich viele Standardwerke erhalten, da sie für die Raubkommissare uninteressant waren. Sie sind aber eine wichtige Quelle für den Schulbetrieb, der offensichtlich zu großen Teilen auf Lehrbüchern beruhte, die von Ordensmitgliedern geschrieben worden sind. Schließlich sei darauf hingewiesen, dass sich nicht nur in der Bibliothek der *Stiftung Staatliches Görres-Gymnasium*, sondern auch im Altbestand der Stadtbibliothek Koblenz Bücher aus der Koblenzer Kartause finden, die hierher als Schenkung des Pfarrers Joseph Gregor Lang gekommen sind.[38] Trotz ihres aufgrund der historischen Entwicklungen fragmentarischen Charakters ist die Bibliothek der *Stiftung Staatliches Görres-Gymnasiums* für Koblenz und auch für Rheinland-Pfalz ein Schatz von unermesslichem Wert.

---

[1] Die Bischöfe des Heiligen Römischen Reiches 1448 bis 1648. Ein biographisches Lexikon, hg. von Erwin Gatz, Berlin 1996, S. 151–154.
[2] Cornelia Hendricks, Die Bibliothek des Staatlichen Görres-Gymnasiums in Koblenz. Eine Untersuchung unter buch- und bibliotheksgeschichtlichen Gesichtspunkten, in: Bibliothek und Wissenschaft 23 (1989), S. 112–192, hier S. 114–117; Ferdinand Pauly, Die Kirche in Koblenz, in: Geschichte der Stadt Koblenz, Bd. 1: Von den Anfängen bis zum Ende der kurfürstlichen Zeit, Gesamtredaktion: Ingrid Bátori, Stuttgart 1992, S. 179–236, hier S. 228–230.
[3] Christina Meckelnborg/Hanisch, Evelyn (Bearb.), Die Inkunabeln der Bibliothek der Stiftung Staatliches Görres-Gymnasium Koblenz, Wiesbaden 2022, S. 16 f.
[4] Reinhold Dahm, Geschichte der Bibliothek des Staatlichen Görres-Gymnasiums zu Koblenz, Koblenz 1968, S. 3 f. Zu weiteren Schenkungen s. Hendricks, Bibliothek (wie Anm. 2), S. 119 f.
[5] Hendricks, Bibliothek (wie Anm. 2), S. 117.
[6] Hendricks, Bibliothek (wie Anm. 2), S. 121–129; Meckelnborg, Inkunabeln (wie Anm. 3), S. 21–23.
[7] Hendricks, Bibliothek (wie Anm. 2), S. 129–133; Meckelnborg, Inkunabeln (wie Anm. 3), S. 23–26.

8 Meckelnborg, Inkunabeln (wie Anm. 3), S. 25–30.
9 Hendricks, Bibliothek (wie Anm. 2), S. 134 f.; Meckelnborg, Inkunabeln (wie Anm. 3), S. 31–33.
10 Meckelnborg, Inkunabeln (wie Anm. 3), S. 33 u. S. 36. S. auch den Aufsatz von Barbara Koelges in diesem Band.
11 Clemens Brentano, Sämtliche Werke und Briefe, Bd. 29: Briefe I (1792–1802), nach Vorarbeiten von Jürgen Behrens und Walter Schmitz hg. von Lieselotte Kinskofer, Stuttgart u. a. 1988, S. 447 f. Nr. 182.
12 Hendricks, Bibliothek (wie Anm. 2), S. 135 f.; Meckelnborg, Inkunabeln (wie Anm. 3), S. 26 (Zitat), S. 36–41.
13 Meckelnborg, Inkunabeln (wie Anm. 3), S. 26 u. Anm. 103.
14 Hendricks, Bibliothek (wie Anm. 2), S. 135; Meckelnborg, Inkunabeln (wie Anm. 3), S. 39 f.
15 Hendricks, Bibliothek (wie Anm. 2), S. 137–139; Meckelnborg, Inkunabeln (wie Anm. 3), S. 40–43.
16 Bischöfe 1448 bis 1648 (wie Anm. 1), S. 470–472.
17 Hendricks, Bibliothek (wie Anm. 2), S. 137, S. 139, S. 175 u. Abb. 8; Meckelnborg, Inkunabeln (wie Anm. 3), S. 43 f.
18 Hendricks, Bibliothek (wie Anm. 2), S. 140; Meckelnborg, Inkunabeln (wie Anm. 3), S. 45 f.
19 Hendricks, Bibliothek (wie Anm. 2), S. 141 f.; Meckelnborg, Inkunabeln (wie Anm. 3), S. 46–49, S. 53–55.
20 Die Handschriften sind erschlossen in: Katalog der mittelalterlichen Handschriften der Universitäts- und Landesbibliothek Bonn, beschrieben von Jürgen Geiß, Berlin/Boston 2015, besonders S. XLIII–XLVI sowie S. 414 (Register).
21 Hendricks, Bibliothek (wie Anm. 2), S. 142 f.; Christina Meckelnborg (Bearb.), Mittelalterliche Handschriften im Landeshauptarchiv Koblenz, Bd. 1, Koblenz 1998 (Veröffentlichungen der Landesarchivverwaltung Rheinland-Pfalz 78), S. 27–29; Meckelnborg, Inkunabeln (wie Anm. 3), S. 49–51. S. auch den Aufsatz von Michael Herkenhoff in diesem Band.
22 Geiß, Katalog (wie Anm. 20), S. XXXVI–XXVIII, S. 7 u. ö.
23 Hendricks, Bibliothek (wie Anm. 2), S. 145–148, S. 150; Meckelnborg, Handschriften (wie Anm. 21), S. 29–31.
24 Hendricks, Bibliothek (wie Anm. 2), S. 151–153, S. 156 f.
25 Hendricks, Bibliothek (wie Anm. 2), S. 155, S. 159 u. Anm. 167 f.; Meckelnborg, Inkunabeln (wie Anm. 3), S. 58; Meckelnborg, Handschriften (wie Anm. 21), S. 32–35 u. Anm. 187. Die Beschreibungen der Handschriften aus dem Görres-Gymnasium finden sich hier sowie in: Eef Overgaauw (Bearb.), Mittelalterliche Handschriften im Landeshauptarchiv Koblenz, Bd. 2: Die nichtarchivischen Handschriften der Signaturengruppe Best. 701 Nr. 191–992, Koblenz 2002 (Veröffentlichungen der Landesarchivverwaltung Rheinland-Pfalz 94).
26 Hendricks, Bibliothek (wie Anm. 2), S. 160–162; Meckelnborg, Inkunabeln (wie Anm. 3), S. 60.
27 Hendricks, Bibliothek (wie Anm. 2), S. 162.
28 https://lbz.bibliotheca-open.de/Teilnehmende-Bibliotheken/Bibliotheken-K/G%C3%B6rres-Stiftungsbibliothek-Koblenz [letzter Zugriff: 13.10.2023]; Meckelnborg, Inkunabeln (wie Anm. 3), S. 62.
29 Claudia Sänger-Linden, Bestandsbeschreibung, in: Berndt Dugall (Hg.), Handbuch der historischen Buchbestände in Deutschland, Bd. 6, Hildesheim/Zürich/New York 1993, S. 155; Hendricks, Bibliothek (wie Anm. 2), S. 163, S. 169.
30 Meckelnborg, Inkunabeln (wie Anm. 3), S. 13–16.
31 Hendricks, Bibliothek (wie Anm. 2), S. 163; Meckelnborg, Inkunabeln (wie Anm. 3), S. 62 u. Anm. 365.
32 Dieser Zustand lag schon 1989 vor; Hendricks, Bibliothek (wie Anm. 2), S. 177: „Der Staub, der sich im Laufe der Jahre der Lagerung auf den Büchern abgelegt hat […]".
33 Hendricks, Bibliothek (wie Anm. 2), S. 163.
34 Armin Schlechter, LBZ sichert wertvolle Historische Bibliothek des Görres-Gymnasiums Koblenz, in: Bibliotheken heute 19 (2023), Heft 1/2, S. 14 f.
35 https://www.hbz-nrw.de/ [letzter Zugriff 16.10.2023]. Die den einzelnen Bänden bereits früher vergebene laufende Nummer wird hierbei Teil der Signatur, zum Beispiel GymBibKO 1997 SOM (Kat.-Nr. 16).
36 Hendricks, Geschichte (wie Anm. 2), S. 177.
37 Armin Schlechter, Inkunabeln aus Klosterbibliotheken in Baden und der Pfalz, in: Armin Schlechter (Hg.), Gesammelt – zerstreut – bewahrt? Klosterbibliotheken im deutschsprachigen Südwesten, Stuttgart 2021 (Veröffentlichungen der Kommission für geschichtliche Landeskunde in Baden-Württemberg, Reihe B, 226), S. 77–108, hier S. 105–107.
38 Bernd Schmeißer (Bearb.), Um eine Bibliothek auch in unserer Stadt zu gründen. Katalog zur Jubiläumsausstellung der Stadtbibliothek Koblenz, Koblenz 2002 (Veröffentlichungen der Stadtbibliothek Koblenz 47), S. 27 f.

KATALOG

1–15
Inkunabeln
Barbara Koelges

16–40
Drucke und Handschriften des 16. bis 18. Jahrhunderts
Armin Schlechter

1 – 1460

Johannes Balbus, Catholicon. Mit Doxologie (4 Hexameter), Mainz: [Drucker des Catholicon (GW 3182) [= Johannes Gutenberg (?)], 1460 (GW 3182). 373 Bl. 2°. Signatur: Bibl. SSGG, Inc. 731[1]

Provenienz: Beilstein, Karmeliter

Einband: Neuer Holzdeckel, bis zur Deckelmitte mit dem originalen spätgotischen Einbandleder bezogen, darauf Streicheisenlinien und Einzelstempel in Blindpressung. Werkstatt Mainz, M mit Krone. Rubriziert, rote Lombarden

Die vorliegende Inkunabel ist die älteste im Bestand der Bibliothek. Der Verfasser, Johannes Balbus (auch Giovanni Francesco Balbi, Johannes Januensis), war ein in Genua geborener Dominikaner, wo er 1298 auch starb. Das *Catholicon* (vollständiger Titel *Summa grammaticalis quae vocatur Catholicon*) ist ein Wörterbuch der in der Bibel verwendeten Fremdwörter in lateinischer Sprache. Das Werk besteht aus fünf Teilen. Die ersten vier Teile beschäftigen sich mit grammatischen Themen, der fünfte Teil ist das Wörterbuch mit 14.000 zum Teil sehr ausführlichen Einträgen. Es war eines der am meisten verbreiteten Sachbücher im Mittelalter, enthielt das wesentliche Wissen der Zeit und blieb bis ins 16. Jahrhundert das Standard-Wörterbuch. Der vorliegende Druck wird der Werkstatt des Mainzer Druckers Johannes Gutenberg (1400–1468) zugeschrieben, der als Erfinder des modernen Buchdrucks mit beweglichen Metalllettern und der Druckerpresse gilt. Es handelt sich um einen der frühesten Inkunabeldrucke überhaupt. Als Inkunabeln oder Wiegendrucke bezeichnet man die Druckwerke, die in den frühen Jahren des Buchdrucks von 1450 bis 1500 erschienen sind. Sie wurden im Erscheinungsbild den bis dahin handgeschriebenen, rubrizierten und zum Teil prachtvoll kolorierten Büchern angeglichen. In der Schlussschrift des vorliegenden Werkes preist der Drucker die Erfindung des Buchdrucks. Die Schrift ist eine Gotico-Antiqua, die sehr gut lesbar und etwas kleiner ist als die bis dahin verwendeten Schriften. Das Werk umfasst 373 Blätter und ist zweispaltig gedruckt, mit je 66 Zeilen pro Seite. Die verschiedenen Ausgaben wurden auf unterschiedlichen Beschreibstoffen gedruckt: auf Pergament oder Ochsenkopfpapier, auf Galliziani-Papier, auf Turm- und Kronenpapier. Das vorliegende Exemplar ist auf Turm- und Kronenpapier gedruckt. Die Rubrizierung findet sich nur am Anfang des Bandes (bis Blatt 206, von Blatt 213–220) durchgehend, danach nur noch vereinzelt. Dem Band liegt als Einbandmakulatur eine Urkunde bei, in der Papst Sixtus IV. (1414–1484) und das Stift St. Florin in Koblenz erwähnt werden. Er stammt aus dem Karmeliterkloster Beilstein, das über eine nicht unbedeutende Bibliothek verfügte, deren Bestand nach der Säkularisierung an die Koblenzer Gymnasialbibliothek überging.

[1] Die Titelaufnahmen und Angaben zu Provenienz, Einband und Rubrizierung beruhen auf den Angaben in: Christina Meckelnborg, Die Inkunabeln der Bibliothek der Stiftung Staatliches Görres-Gymnasium Koblenz, Wiesbaden 2022.

Lit.: Gottfried Zedler, Das Mainzer Catholicon, Mainz 1905; Geldner, Inkunabeldrucker 1, S. 17–29; Martin Boghardt, Catholicon, in: Lexikon des gesamten Buchwesens 2, S. 80 f.; Lotte Hellinga, Das Mainzer Catholicon und Gutenbergs Nachlass, in: Archiv für Geschichte des Buchwesens 40 (1993), S. 395–416; Hundert Highlights. Kostbare Handschriften und Drucke der Stadtbibliothek Trier, hg. von Michael Embach, Regensburg 2013, S. 170; Maren Gottschalk, Johannes Gutenberg. Mann des Jahrtausends, Köln/Weimar/Wien 2018; Meckelnborg, Inkunabeln, Nr. 71

2 – um 1475

Breviarium Trevirense, [Marienthal: Fratres vitae communis, um 1475] (GW 5493). 4°. Signatur: Bibl. SSGG, Inc. 124a

Provenienzen: Hermann Groß verfügte, dass das Werk nach seinem Tod an das Augustiner-Chorherrenstift auf dem Niederwerth gehen sollte; Koblenz, Jesuitenkolleg

Einband: Restaurierter spätgotischer Lederband auf Holz mit Streicheisenlinien und Einzelstempeln in Blindpressung. Werkstatt Niederwerth Stift II (EBDB w002532). Rubriziert, rote Lombarden, zu Beginn jedes Teils mit Rankenschmuck in Rot, Braun und Grün

Das *Breviarium* (Brevier oder Stundenbuch) enthält die Texte des Stundengebets der katholischen Kirche. Seit dem 11. Jahrhundert waren alle Kleriker zum Stundengebet, das bis dahin nur die in Ordensgemeinschaften lebenden Kleriker verrichten mussten, verpflichtet. Das vorliegende Trierer Brevier erschien vor dem Konzil von Trient, das eine Reform des Breviergebetes vornahm, als deren Ergebnis 1568 das *Breviarium Romanum* für die ganze römisch-katholische Kirche als Grundlage für das Stundengebet bestimmt wurde.

Lokale Eigentraditionen waren nur erlaubt, wenn sie bereits seit mehr als 200 Jahren existierten – wie im Bistum Trier, dessen Messtradition sich auf das Jahr 1354 zurückführen lässt. Dort wurde das *Breviarium Romanum* – wie das *Missale Tridentinum* – erst 1888 offiziell eingeführt. Priester, die älter als 50 Jahre waren, durften zum Stundengebet auch weiter das Trierer Brevier nutzen. Der Druck stammt aus der Druckerei der Brüder vom gemeinsamen Leben in Marienthal im Rheingau, einer berühmten Klosterdruckerei, die von 1468 bis 1507 bestand. Der Orden, von Gerhard Grote (1340–1384) 1383 im niederländischen Deventer gegründet, hatte seine Schwerpunkte in den Bereichen Schulwesen, Volksbildung sowie Schreiben und Drucken. Von diesem Druck sind nur zwei weitere Exemplare nachgewiesen, eines in der Wissenschaftlichen Stadtbibliothek Trier und eines in der Russischen Staatsbibliothek in Moskau. Dieses Exemplar stammt aus dem Augustiner-Chorherrenstift auf dem Niederwerth. Der Einband wurde in der stiftseigenen Werkstatt angefertigt. Sie gestaltete zum Teil einfache Ledereinbände lediglich mit Streicheisenlinien auf den Mittelfeldern der Deckel, aber auch aufwendiger gearbeitete Exemplare mit Einzelstempeln wie der vorliegende Band.

Lit.: Franz Falk, Die Presse zu Marienthal, Mainz 1882; Franz Falk, Zu den Marienthaler Drucken, in: Zentralblatt für Bibliothekswesen 17 (1900), S. 481–483; Heinz, Liturgie, S. 133–166 u. S. 243–282; Meckelnborg, Katalog, Nr. 147

bonitatem. Ne derelinquas me dñe deus meus ne discesseris a me
Intende in adiutoriū meum: dñe deus salutis mee. Ps. añ. Re-
uela domino viā tuam. v̄ Dñe i celo mīa tua. z veritas tua vsq ad nubes.
Miserere mei ds. ps Ipm̄. Añ Intellige clamorē meū Ad laud. añ
Dñe. ps Verba mea. Añ Deq deus meq ad te de luce vigilo ds. ps
Ipm̄. Añ Conusus e furor tuus dñe z ōsolatus es me. ps Confitebor. añ
Laudate dñm de celis. ps Ipm̄. Sz bñ añ Bñdictus dns isr̄l. ps Bñdicꝰ.
Ferialibꝫ diebꝫ ad iij añ. Deduc me dñe ī semitā mādatorꝫ tuoꝝ. ps le
ge pone. R̄. Sana aiam mea. v̄ Qa peccaui tibi. v̄ Ego dixi dñe miserē mei
et. v̄. Dñs regit me. Ad vi. Añ. In eternū dñe verbū tuū pmanet ī celo.
R̄. Bñdicā dñm In omī tpe. v̄ Sp laus eiꝰ in ore meo. In omī. v̄ Adiutor
meꝰ esto. Ad ix. añ. Aspice in me z miserē mei dñe. R̄. Redime me dñe et
miserē mei. v̄ pes enī meꝰ stetit ī via recta ī ecclñis bñdicā te dñe. Et. v̄. Ab
occultis meis mūda me. Fēia iiij. Inuīt. Jubilemꝰ deo salutari nro. ps.
Dixi custodiā vias meas: vt nō delinqꝫ ī lingua mea
Posui ori meo custodiā: cū ꝓsisteret pctor aduīsū
me. Obmutui z humiliatꝰ sū z silui a bonis: z do-
lor meꝰ renouatus e. Concaluit cor meū intra me:
z ī meditacōe mea exardescet ignis. Locutꝰ sū ī
lingua mea: notū fac mī dñe finē meū Et numerꝝ
dierꝝ meorꝝ qs e: vt sciā qd desit mī. Ecce mēsurabiles posuisti dies meos: z substācia mea tanqꝫ michilū añ te. Veruntn̄ vniūsa va-
nitas: ois hō viuēs. Veruntn̄ ī ymagine ptrāsit hō: sꝫ z frustra cō-
turbatꝰ Thezaurisat: z ignorat cui congregabit ea. Et nūc q est
expectacio mea nōne dñs: z sūba mea apd te e. Ab oibꝫ iniqtati-
bus meis erue me: obprobriū īsipieti dedisti me. Obmutui et nō
aperui os meū qm tu fecisti: amoue a me plagas tuas A fortitudi-
ne manꝰ tue ego defeci in īcrepacōibꝫ: ꝓpter iniqtatē corripuisti ho
minē Et tabescē fecisti sicut araneā aīam eiꝰ: veruntn̄ vane ōturbaꝫ
ois hō. Exaudi orōnē mea dñe z deꝓcōeꝫ mea: auribꝰ pcipe la-
crimas meas. Ne sileas qm aduena ego sū apd te et pegrīꝰ: sic
oēs pres mei. Remitte mī vt refrigerer priꝰ qꝫ abeā: et ampliꝰ nō
ero. Expectās expectaui dñm: z intēdit michi. Et exau-Lere. ps
Et eduxit me de lacu miserie z de luto fecis.
Et statuit supra petrā pedes meos: et direxit gressus meos. Et
imisit in os meū canticū nouū: carmen deo nro. Videbūt multi et

3 – 1481

**Thomas de Aquino, Super quarto libro Sententiarum. Mit Textanfängen.
Venedig: [Johann Herbort für] Johann von Köln, Nicolaus Jenson und Genossen,
24.6.1481 (GW M46390). 2°. Signatur: Bibl. SSGG, Inc. 36**

Provenienzen: Geschenk Dietrichs von Xanten (1410–1493), des ehemaligen Rektors des St.-Nikolaus-Hospitals Kues, an das Augustiner-Chorherrenstift Niederwerth; Koblenz, Jesuitenkolleg

Einband: Restaurierter spätgotischer Lederband auf Holz mit Streicheisenlinien und Einzelstempeln. Werkstatt Niederwerth Stift II (EBDB w002532). Rubriziert, rote Lombarden

Der Theologe Petrus Lombardus (ca. 1095–1160) war Leiter der Kathedralschule von Notre-Dame und Bischof von Paris. Die vier Bücher der Sentenzen gelten als sein Hauptwerk. Es handelt sich um eine detaillierte und systematische Zusammenstellung der Quellen zu den Lehren der Kirchenväter. Die Sentenzen sind thematisch in vier Teile gegliedert: Buch eins beschäftigt sich mit Gott und der Dreifaltigkeit, Buch zwei mit der Schöpfung, der Sünde und der Vergebung, Buch drei mit Jesu Menschwerdung und seinem Erlösungswerk, Buch vier mit den Sakramenten und dem Leben nach dem Tod. So ergibt sich eine systematische Darstellung der gesamten Theologie, die als systematischer Grundstein der Scholastik zu sehen ist. Der vorliegende Kommentar von Thomas von Aquin (1225–1274) zählt neben den Erläuterungen von Bonaventura, Johannes Duns Scotus und Albertus Magnus zu den bedeutenden Kommentaren des Werks. 1253 kehrte Thomas von Aquin aus Köln, wohin er seinem Lehrer Albertus Magnus gefolgt war, nach Paris zurück. In den nächsten Jahren arbeitete er an dem Kommentar zu den Sentenzen des Petrus Lombardus, der sein erstes großes Werk wurde. Es handelt sich allerdings nicht um eine Erläuterung im engeren Sinne, sondern um eigene Abhandlungen in Form von Fragen zu den Themen, die sich aus den Sentenzen ergaben. Der Drucker Johann Herbort (um 1400–1485) stammte aus Seligenstadt und arbeitete nach einem Studium in Erfurt zunächst als Drucker in Padua, ab 1481 dann in Venedig, wo er für die Druckergesellschaft von Johann von Köln (vor 1450–1480) und Nikolaus Jenson (1420–1480) tätig war.

Lit.: Friedrich Stegmüller, Repertorium commentariorum in Sententias Petri Lombardi, Bd. 1–2, Würzburg 1947; Martin Grabmann, Die Werke des Heiligen Thomas von Aquin. Eine literaturhistorische Untersuchung und Einführung, 3. Aufl., Münster 1967, S. 286–290; Geldner, Inkunabeldrucker 2, S. 83 f.; Meckelnborg, Inkunabeln, Nr. 474

Liber societatis Iesu Continentia

Distinctio prima

Sancti Thome de Aquino ordinis predicatorum super quarto libro sententiarum preclarum opus feliciter incipit.

Misit verbum suum et sana-
uit eos et eripuit eos de interitionibus eorum etc. Ex peccato primi hominis humanum genus duo incurrerat. s. mortem et infirmitatem: morte ppter separatione a vite principio: de quo i psal. dicit: Apud te est fons vite. et q separat ab hoc principio de necessitate moritur: et hoc factu e per primum hominem vn dicit Ro. v. Per vnum hoiez peccatu in mundum intrauit. et per peccatum mors. infirmitatem vero ppter destitutione gratie que e hois sanitas: que petit Hiere. xiiij. Sana me dne et sanabor. et ideo in psal. dicit: Miserere mei dne qm infirmus sum. Ad hoc aut sufficiens remedium haberi non poterat nisi ex verbo dei quod e fons sapientie in excelsis: Eccle. j. et per dns vite: qz sapientia vitam tribuit possessori: Eccle. vij. vn dicit Joh. v. Sicut pater suscitat mortuos et viuificat: sic filius quos vult viuificat. Ipsum etia e virtus dei quo oia portantur: Heb. j. Portans oia verbo virtutis sue. et ideo e efficax ad infirmitate tollendam: vn in psal. dicit: Uerbo dni celi firmati sunt. et Sap. xvi. Neqz herba neqz malagma sanauit eos: sed sermo. t. d. qui sanat oia. Sed qz viuu e bmo dei et efficax et pene trabilior omni gladio ancipiti: vt dicit Hebre. v. necessarium fuit ad hoc q nobis medicina ta violenta pficeret: q ei carnis nostre infirmitas adiungeret: vt nobis magis congrueret. Hebreo. iij. Debuit p oia fratribus assimilari vt misericors fieret. et ppter hoc verbu caro factum e et habitauit in nobis: Joh. j. Sed qz hec medicina tante e efficacie vt oes sanare possit: virtus aut exibat de illo et sanabat oes: vt dr Luc. vj. io ab hac vniuersali medicina et prima alie pticulares medicine pcedunt vniuersali medicine coformes: qbus mediantibus virtus vniuersalis medicine pueniat ad infirmos. Et hec sunt sacramenta in qbus sub tegumento rerum visibilium diuina virtus secretius operat salutem: vt

Aug. dicit. Sic q in verbis propositis tria tangunt. s. pfectio medicine: et sanatio ab infirmitate: et liberatio a morte. Confectio medicine tangit in hoc quod dicit: Misit verbum suu. quod qdem referendum est et ad verbi incarnatione: quod dicit eo missum qz caro factu: Gal. iiij. Misit de filium suum factum ex muliere. et ad sacramentorum institutione: in quibus accedit verbum ad elementu et fit sacramentu: vt sic sit conformitas sacramenti ad verbum icarnatum. Sanctificat. n. creatura sensibilis p vbu dei et oratione. j. Timo. iiij. Sanatio aute ab infirmitate peccati et reliquarum eius tangit in hoc quod dicit: Et sanauit eos. que quidem sanatio p sacramenta fit: vn ipsa sunt vnguenta sanitatis: q christus quasi vnguentarius pfecit: Eccle. xxxviij. vn et in psal. dicit: Qui propiciat oibus iniquitatib tuis. quantum ad peccata. qui sanat oes infirmitates tuas. quantum ad peccatorum reliquias. Liberatio aut a morte tangit in hoc quod dicit: Et eripuit eos de interitionibus eorum. et qz interitus in morte violenta sonare videt: ideo congrue ad penalem morte referri potest: qz ratio pene e vt ptra voluntate sit: sicut ro culpe vt sit voluntaria: et io culpa ad infirmitate reducit pena ad mortem: qz via ad pena e culpa sic infirmitas ad mortem. No solu aut separatio aie a corpore mors dici potest: sed etiam omes presentis vite penalitates: et ideo pluraliter interitiones noiantur: sicut et. ij. Cor. xj. In mortibus frequenter. A morte ergo corruptionis nature eripiet verbum incarnatum p resurrectione: qz in christo omes viuificabunt etc. j. Cor. xv. Esa. xxvj. Uiuent interfecti mei etc. sed a mortibus penalitatum per gloriam: tunc. n. absorpta erit mors per victoria. j. Cor. xv. et de his in psal. dicit: Qui redimit de interitu vita tua. quantum ad primum. qui coronat te in misericordia. quantum ad secundum. Sic ergo ex verbis propositis tria possumus accipere circa hunc quartum librum qui pre manibus habetur. s. materia: qz in eo agit de sacramentis et de resurrectione et gloria resurgentium. Item continuatione ad tertium librum: qz in tertio agebat de missione verbi in carnem: in hoc aute libro de effectibus verbi incarnati: vt quartus respondeat tertio: sicut secundus primo. Item diuisionem istius libri: diuidit. n. in partes duas: in prima determinat de sacramentis: in secunda determinat de resurrectione et gloria resurgentium xlij. dis. ibi postremo de conditione resurrectionis etc. Item prima diuidit in duas: in prima determinat de sacramentis in generali: in secunda descendit ad sacramenta noue legis. ij. dis. ibi Ia ad sacramenta noue legis etc. Prima in duas: in prima dicit de quo e intentio: in secunda psequit: ibi Sacramentu est sacre rei signu. Circa primum duo facit: primo pponit materia de qua agedu est: secundo ostedit qd de ea primo dicendum sit: ibi De q b' qttuor etc. Sacramentu e etc. Hic determinare

a2

4 – 1483

Jacobus de Voragine, Legenda Aurea. Redaktion D1. – Daran: Historiae plurimorum sanctorum. Mit Gedicht auf die Stadt Köln […] von Antonius Liber, [Köln: Ulrich Zell], 1483 (GW 14006). 2°. Signatur: Bibl. SSGG, Inc. 493

Provenienzen: Wilhelmus Sutoris (= Schuster); Geschenk des Gottfried Nennich an die Bopparder Karmeliter; Boppard, Karmeliter, 1660

Einband: Neuer Holzdeckelband. Rot und blau rubriziert. Alternierend rote und blaue Lombarden, Fleuronée-Initialen in Rot und Blau und in Violett und Blattgold

Der Dominikaner Jacobus der Voragine (1228/29–1298) war Prior in Asti, später Prior der Ordensprovinz Lombardei, bevor er 1282 Erzbischof von Genua wurde. Er schuf mit seiner Sammlung von Heiligenlegenden, der *Legenda aurea* (auch bekannt als *Lombardica hystoria* oder *Legenda Sanctorum*), das wohl bekannteste geistliche Volksbuch des Mittelalters. Für die Zusammenstellung, die er um 1260 begann und der er einen erzählenden, aber auch belehrenden Charakter verlieh, nutzte er zahlreiche Quellen. Das Werk ist nach dem Kirchenjahr geordnet und enthält 176 Kapitel über die Kirchenfeste und das Leben von Märtyrern, Heiligen und biblischen Personen mit einer Etymologie der einzelnen Heiligennamen sowie Zitaten antiker Klassiker, spätantiker Dichtungen und der Kirchenväter. Mehr als 1.000 Handschriften des Werks sind überliefert. 156 Inkunabeln in verschiedenen Sprachen listet der *Incunabula Short Title Catalogue* auf. Das beigefügte Lobgedicht auf die Stadt Köln *In laudem inclite Colonorum urbis epigramma* von Antonius Liber (1470–1483) wurde wahrscheinlich schon in den 1470er Jahren verfasst und erstmals in der vorliegenden Ausgabe der *Legenda* abgedruckt, danach noch häufig gemeinsam mit unterschiedlichen Texten. Es besteht aus 20 Versen über die Stadt Köln und speziell über die Reliquien der Heiligen Drei Könige, die im Kölner Dom in dem berühmten Dreikönigenschrein aufbewahrt werden. Der Drucker Ulrich Zell (1430–1507) stammte aus Hanau und erlernte den Buchdruck bei Fust und Schöffer in Mainz. 1478 erwarb er das Kölner Bürgerrecht und richtete wohl ab 1464 dort eine Druckerei ein. Er druckte theologische Werke, einzelne klassische und humanistische Schriften, aber auch volkssprachige Titel. Der Buchschmuck spielt in seinen Druckerzeugnissen, wie im Kölner Buchdruck des 15. Jahrhunderts generell, eine eher unbedeutende Rolle. Gottfried Nennich, der das Werk dem Bopparder Karmeliterkloster schenkte, war 1637 und 1655 Prior des Klosters, das über eine kostbare Bibliothek verfügte. Diese wurde allerdings bei der Aufhebung des Klosters 1802 von Bopparder Bürgern geplündert.

Lit.: Johann Josef Klein, Geschichte von Boppard, Boppard 1909, S. 298 u. S. 301; Geldner, Inkunabeldrucker 1, S. 86–89; Reglinde Rhein, Die Legenda aurea des Jacobus de Voragine: die Entfaltung von Heiligkeit in „Historia" und „Doctrina", Köln 1995 (Archiv für Kulturgeschichte, Beiheft 40); Monasticon Carmelitanum, S. 200–207; Meckelnborg, Inkunabeln, Nr. 298; Gregor Taxacher, Die Geschichten der Geretteten. Heilige und Heiliges in der Legenda aurea, Regensburg 2023; Geschichtsquellen des deutschen Mittelalters, https://www.geschichtsquellen.de/werk/5316 und https://www.geschichtsquellen.de/werk/5357 [Stand: 20.8.2023]

que alio noīe dicī̄ hystoria longobardica. Et prīmo de aduentu dm̄ī.

Aduentus dm̄ī p̄ quatuor septimanas agit ad signifīcandū q̄ quatuor sunt aduētus s. in carnem, in mentē, in morte, ā ad iūdiciū. Vltima autē septīana vix finitur, qr sanctor̄ glā que dabit̄ in vltimo aduētu nunq̄ terminat̄. Hinc est q̄ prīmuz s̄r̄m prīme domīnīce aduētus cōputato gloria patri quatuor versus cōtinet
a .j.

5 – 1486

Petrus de Crescentiis, Ruralia commoda. Mit Widmungsbrief des Autors an Karl II. von Anjou, König von Neapel. Mit Brief des Autors an den Ordensgeneral der Dominikaner Aimericus de Placentia, Straßburg: [Drucker des Jordanus von Quedlinburg (= Georg Husner?)], 9.3.1486 (GW 7824). 148 Bl. 2°. Signatur: Bibl. SSGG, Inc. 197

Provenienzen: Geschenk des Michael Syrold an seinen Bruder Johannes Syrold

Einband: Kaliko-Einband, um 1950. Rote Lombarden

Der Jurist Petrus de Crescentiis (ca. 1230–ca. 1320) stammte aus einer angesehenen Familie in Bologna. 1298 beendete er seine Arbeit als Jurist, zog aufs Land, wo er ein Gut besaß, und arbeitete an Werken zu landwirtschaftlichen und botanischen Themen. Der vorliegende Titel *Ruralia commoda*, die erste Abhandlung des Mittelalters über Landwirtschaft und Pflanzenkunde, wurde wohl zwischen 1304 und 1309 geschrieben und gilt als sein Hauptwerk. In der zweiten Hälfte des 15. Jahrhunderts wurde es ins Deutsche übersetzt und erschien 1471 in Augsburg erstmals im Druck. Seinen Erfolg verdankt es unter anderem der Verbindung von antikem Gedankengut mit konkreter direkter Beobachtung. Auch Themen, die nicht im engeren Sinne die Landwirtschaft betreffen, wohl aber mit dem Leben auf dem Land in dieser Zeit eng verbunden waren, werden behandelt, wie z. B. die Falknerei und die Fischzucht. Das Werk ist in zwölf Bücher gegliedert. In den Büchern eins bis drei geht es um die Anlage einer Villa Rustica, um allgemeine Pflanzenkunde und Ackerpflanzen; in den Büchern vier bis sechs werden der Weinbau, Obstbäume und der Nutzgarten behandelt. Die Bücher sieben bis zwölf beschäftigen sich mit Wiesen und Wäldern, den landwirtschaftlichen Nutztieren, der Tierheilkunde, der Jagd und dem Fischfang. Buch zwölf enthält eine Übersicht über die bäuerlichen Arbeiten während des Jahres. Der Drucker des Jordanus von Quedlinburg wird in Inkunabelkatalogen meist mit dem Straßburger Drucker Georg Husner (1473–1509) gleichgesetzt, weil das Typenmaterial nur leicht abweicht. Die Identität ist aber nicht gesichert nachgewiesen. Im 15. Jahrhundert erschienen dreizehn Ausgaben der *Ruralia Commoda* in Latein, Italienisch, Französisch und Deutsch. Einige waren mit Holzschnitten illustriert, die vorliegende Ausgabe weist aber keine Illustrationen auf.

Lit.: Geldner, Inkunabeldrucker 1, S. 65–66, Will Richter, Die Überlieferung der „Ruralia Commoda" des Petrus de Crescentiis, in: Mittellateinisches Jahrbuch 16 (1981), S. 223–275; Lexikon des Mittelalters 6, Sp. 1969–1970; Meckelnborg, Inkunabeln, Nr. 191

Liber Quartus

donec vicesima ps eius consumatur imittentes gipsi centesimā ptem. Laudacij vo eo vsq3 ad igne vinū decoquunt quo vsq3 quinta ps et⁹ consumat et eo post tota consumptam vtuntur

¶ Qualiter mustum in dolijs mittendum sit

Olia antequam omittat in eis mustū aqua salsa pura spongia ablui oportet ⁊ incenso fumigari. oportet autē neq3 nimis facere ea plena nec nimis deficientia sed opinari oportet quousq3 mustū bulies augmētatione faciet vt nō supeffundat. Cō mouere postea qd in dolijs est mustū p qnq3 dies ⁊ manibus ⁊ ciphis spumā et si qd aliud sit supfluū auferre, ⁊ expurgatiōes omnes a cellario educere ⁊ longi⁹ pijcere. Si eni ppe manserint canopes inde generantur et malus inde sit odor que ambo vinū euerti faciunt. Idcirco bonū odorē in torcularibus ⁊ maxime in apothecis esse oportet

¶ Qualiter mustum per totum annum haberi possit

Antequa3 calcentur botri qd ex tpsis stillat mustuz qd preßmonē quidā vocāt mitte in eodē die in vas pice interi⁹ perunctum vel exteri⁹ vt semiplenū sit vas, et obstrue diligēter gipso. Multo enim tpe pmanet mustū valde dulce. multo magis seruabit si vase pcluso corio in puteū vas immittiē qr non supbuliens semp erit mustū. Si qs aut ⁊ quiescibiliter. id est. paulatim coculcauerit vuas vt nō coprimant scz fortiter: hoc mustū vtile ad pmanentiā habebitur vt burgundi⁹ ait. Alij vas vt est dictum interius ⁊ exteri⁹ pice punctū in puteū ponunt vt labia sola supemineāt. hoc p experientia optime visum est. Alij in arena humidam vas suffodiunt

¶ De cognitione an mustū vel vinum habeat aquā et qualiter possit separari ab ea

Vt cognoscamus an mustū habeat aquā. pira cruda vel sm quosdā mora mitte in mustū ⁊ si aquā habz submergēt. si nautē supnatabūt. Quidā cannā grecā q nascit in aquis vel linū vel papirū vel senū vl aliquid aridū vngūt oleo ⁊ in vinū mittunt ⁊ extrabūt si aquā hz pgregabunt gutte in oleo. Et quāto pl⁹ de aq habuerit tāto maior erit gutta㗹 aq cōgregatio. Alij simpli cius faciētes vinū immittūt i ollā nouam nōdū infusā, ⁊ apponūt duob⁹ dieb⁹. stillat eni olla aquā mixtā. Quidā in calce viuaz supinfūdūt ⁊ siquidē aquā hz sonabit ampullas faciēs ⁊ resiliet. Quidā vo spōgiaz nouā oleo vnguētes ea obstruūt os vasi ⁊ euertūt. ⁊ si aquā hz fundet in spongiam. Eadē pbatoe ⁊ i oleo vtimur. Alij d musto sibi modicū in manu mittūt ⁊ fricāt. si pur est viscosū est ⁊ adheret. si aquā hz nō adheret. Aqua ħ mō sepat a vino. Alumen humidū mitte in testā vini. deinde spōgia vncta oleo obstrue os teste vl alteri⁹ vasis. ⁊ i clinās sine effundi ⁊ effluet solū aq

¶ Qualiter mustū cito expurgetur

In metreta dulcis musti cotulā aceti mitte. ⁊ p⁹ tres dies erit purū

¶ Qualiter vinū nō superebulliat

Coronam pulegij vl nepite vl origani collo vasoruz circūpone vt ait burgūdi⁹. qdam aut interiora doliorū circa latera pungunt lacte vaccino. detinebit eni intus bulliens mustū vt dicunt

¶ Quo loco dz stare vinū vt melius duret

Cellam uinariam septētrioni habere dem⁹ oppositā. frigidā obscurā vl obscure primā longe a balneis stabulis furno sterqlinijs cisternis aqs⁊ ceteris oloribus borēdi. In libro tis vindemie a burgūdio edito br q forn⁹

6 – 1486/1487

Henricus Institoris, Malleus maleficarum, [Speyer: Peter Drach der Mittlere, Ende 1486/Anfang 1487] (GW M12484). 2°. Signatur: Bibl. SSGG, Inc. 290a

Provenienzen: Jacobus Color (?); Servatius Wehr; Johannes […]; Koblenz, Dominikaner

Einband: Pappband, bis zum ersten Drittel des Deckels mit grobem Leinen bezogen und mit Makulatur aus lateinischen Handschriften und Drucken sowie aus einem englischen Druck (16. Jahrhundert) beklebt

Der Dominikaner Heinrich Kramer, latinisiert Henricus Institoris (um 1430–um 1509), war Prior des Dominikanerklosters in Schlettstadt und Inquisitor. Der vorliegende Druck ist die Erstveröffentlichung seines *Hexenhammers* (lat. *Malleus Maleficarum*), ein Werk zur Legitimation der Hexenverfolgung. Es enthält damals weit verbreitete Ansichten bzw. Vorurteile über Hexen und Zauberer sowie Anleitungen für Inquisitoren, wie mit ihnen umzugehen sei. Zur Legitimation nimmt das Werk Bezug auf die Bulle des Papstes Innocentius VII. *Summis desiderantes affectibus* von 1484, die die rechtliche Grundlage für die Verfolgung von vermeintlichen Hexen legte. Es gab zahlreiche Gegner des *Hexenhammers*, die vor allem den Einsatz der Folter bei Hexenprozessen kritisierten. Obwohl der *Hexenhammer* von der römischen Inquisition abgelehnt wurde, hatte das Werk großen Einfluss auf die deutsche Rechtsprechung und die Praxis der Hexenverfolgung. Der Dominikaner und Inquisitor Jakob Sprenger (1435–1495) wird als Mitautor vermutet; dies ist aber nicht eindeutig belegt. Der Drucker Peter Drach der Mittlere (um 1450–1504) lernte von seinem Vater Peter Drach I. in Speyer das Druckerhandwerk und übernahm 1480 dessen Werkstatt. Von ihm sind etwa 150 Inkunabeln und zehn Drucke des 16. Jahrhunderts nachgewiesen, vornehmlich Predigten, liturgische Werke, Wörterbücher und juristische Literatur. Nach dem *Incunabula Short Title Catalogue* sind 86 Exemplare bzw. Fragmente dieses Drucks in öffentlichen Einrichtungen überliefert.

Lit.: Geldner, Inkunabeldrucker 1, S. 188–192; Der Hexenhammer. Entstehung und Umfeld des Malleus maleficarum von 1487, hg. von Peter Segel, Köln 1988; Lexikon des Mittelalters 14, Sp. 2202 f.; Stephan Quensel, Hexen-Politik im frühmodernen Europa (1400–1800), Wiesbaden 2022; Meckelnborg, Inkunabeln, Nr. 284; Geschichtsquellen des deutschen Mittelalters, https://www.geschichtsquellen.de/werk/3030 [Stand: 1.9.2023]

cant ex opatione dæmonū hūt effectuz cuius signū est q̄ necesse est eis inscribi quosdaz caracteres que naturaliter nihil opanf̄. nō eni est figura principium actiōis naturalis. sed in hoc distāt astronomice imagines a nigromāticis q̄ in nigromanticis fiunt expresse inuocationes. vñ et ad expressa pacta cū dōmōibus inita ptinēt Astronomice ad tacita pacta, ppter figurātu et caracterū signa. Ad tertiū. nō est homini ptās super dæmones q̄missa vt eis licite vti possit ad quodcūq̄ voluerit. sed est ei q̄ dæmones bellū indictū. vñ nullo mō licet homini dæmonū auxilio vti p pacta tacita vl̄ expressa. hæc Thomas. Ad ppositum quia dicit nullo mō. nec etiaz quibuscūq̄ vanis q̄bus videlicet se dæmon quocunq̄ mō possit imiscere. Si tamē sunt adeo vana vt et fragilitas hūana p recuparanda sanitate illa aggreditur. doleat de præteritis. caueat de futuris. oret vt sibi debitū dimittaf et in tentatione non amplius inducaf inquit Augustinus in fine regule.

Remedia contra grandines et super iumenta maleficiata. Cap. VII

Qualiter deniq̄ iumēta maleficiata possint remediari. similiter et tempestates aeris Notāda sunt primo quedaz remedia illicita que a quibusdaz practicanf. Nam quidā verbis aut factis supsticiosis vt q̄ vermes in digitis aut mēbris p quedā verba 7 carmina illicita curant. de quibus carminibus qualiter cognoscuntur vt sint licita vel non in precedenti capitulo tactū est. Alij sunt qui sup iumenta maleficiata non aquā bñdictā spargunt. sed ori infundunt. Primuz remediū verboz esse illicitū vltra premissa Guilhel. sepe allegatus sic demonstrat si enim verbis inesset virtus et dicamus verbis vt verbis. tūc ex. qñ q̄ modis esset vnus. vel ex parte materie id est aeris. aut ex parte forme hoc soni. aut ex modo significandi. aut ex pte omniū simul. Non primū. quia aer non interficit nisi sit venenosus. sonus etiā nō quia excellēs obiectū corrupit potentiā. nec tertiū. quia tūc hoc nomē diabolus vel mors. infernus illa nocerent semp. et sanitas bonitas semper prodessent. Item nec oīa simul. quia totū aggregatū ex ptibs inualidis etiā totuz est inualidū. Nec valet si obijcitur deus cōtulit vim verbis. sicut herbis et lapidibus. quia si que virtutes insunt quibusdā verbis aut sacramentalibus aut alijs bñdictionibus et carminibs licitis has hūt in se non vt verba. sed ex institutione et ordinatiōe diuina 7 ex pacto dei. sicut si dñs diceret q̄cunq̄ hoc fecerit faciā ei hanc gratiā. et sic verba in sacramētis efficiūt qd significant. Quis f̄m alios etiā hūt virtutē intrinsecā. sed prima opinio q̄ veserior ideo amplectif De alijs aūt verbis 7 carminibs patz ex premissis q̄ vt verba sunt verba cōposita vel plata aut figurata nihil efficiunt sed inuocatio nois diuini et obsecratio que est psacra quedā ptestatio. cōmittē dū effectū diuine volūtati. psunt. Remedia etiā operū que illicita videntur vt supra tactū est. 7 etiā vbi in ptibus sueuie plurimum practicatur q̄ prima die may añ ortū solis mulieres villane exeunt et ex siluis vel arboribus deferūt ramos de salicibs vel alios frondes et ad modū circuli plectētes in introitu stabuli suspendunt. asserentes q̄ p integr annū iumēta cuncta illesa a maleficis remanēt 7 preseruantur. hoc q̄dem remediū fm opinionē illor q̄ dicūt vana vanis cōtundere posse nō esset illicitū . sic nec etiam q̄ p carmina ignota morbos expelleret. Sed sine offensione pcedendo dicamus q̄ si prima die vel secunda mulier vel q̄cunq̄ egrediatur non hūs respectū ad solis occasum vel ortū colligit herbas frondes aut ramos cū oratione dñica aut simbolo fidei suspendit illa super hostiū stabuli bona fide cōmittens effectū custodie diuine volūtati nō erit reprehēsibilis vt supra in precedenti capitlo ex verbis Hieronimi.

7 – 1487

Biblia, deutsch. Mit deutschen Tituli psalmorum, Augsburg: Johann Schönsperger, 15.5.1487 (GW 4305). 801 Bl. 2°. Signatur: Bibl. SSGG, Inc. 109

Provenienzen: Mainz, Franziskaner; Beilstein, Karmeliter; Exlibris mit dem Wappen der Familie Metternich

Einband: Restaurierter spätgotischer Lederband auf Holz mit Streicheisenlinien und Einzelstempeln in Blindpressung

Unter den Inkunabeln der Bibliothek des Görres-Gymnasiums Koblenz finden sich allein 25 lateinische Bibelausgaben. Die früheste unter ihnen ist in der Werkstatt Gutenbergs um 1452/1454 erschienen. Allerdings sind nur zwei deutschsprachige Ausgaben vorhanden: die hier vorgestellte und die Sensenschmidt-Bibel von 1476/1478, die fünfte vorlutherische Bibel. Vorlage der deutschsprachigen Bibelausgabe des Augsburger Druckers Johann Schönsperger des Älteren (um 1450–1521), der elften deutschen Bibelausgabe vor Luther, war die Koberger-Bibel von 1483. Jedoch ist Schönspergers Ausgabe weniger prächtig und aufwändig gearbeitet sowie auf billigerem Papier gedruckt. Schönsperger, der auf Massenproduktion und billigeres Nachdrucken ausgerichtet war, ließ die Illustrationen der Koberger-Bibel in kleinerem Format nachschneiden. Dadurch war sie in der Erstellung preiswerter und für einfachere Käuferschichten erschwinglich. Das vorliegende Exemplar ist nicht vollständig und enthält nur den zweiten Teil ab Blatt 300. Die Holzschnitte sind koloriert; größere Texteinschnitte beginnen mit ebenfalls kolorierten Holzschnittinitialen. Die Abbildung zeigt eine Seite aus dem Buch Daniel, Kapitel acht, mit der bildlichen Darstellung von Daniels Vision vom Widder und vom Ziegenbock und der Erscheinung des Engels, der Daniel die Vision als ein Bild für das Ende der Welt erklärt.

Lit.: Geldner, Inkunabeldrucker 1, S. 146 f.; Walter Eichenberger/Henning Wendland, Deutsche Bibeln vor Luther. Die Buchkunst der achtzehn deutschen Bibeln zwischen 1466 und 1522, 2. Aufl., Hamburg 1983, S. 110–118; Gottes Wort in der Sprache des Volkes. Luthers Bibel und andere Bibelübersetzungen in Drucken des 15. und 16. Jahrhunderts, bearb. von Hans-Joachim Cristea. Katalog der gemeinsamen Ausstellung der Bibliothek der Stiftung Staatl. Görres-Gymnasium Koblenz, der Stadtbibliothek Koblenz, der Bibliothek des Bischöflichen Priesterseminars Trier und des Bistumsarchivs Trier, Trier 2017, S. 30; Meckelnborg, Inkunabeln, Nr. 123

Die weyſſagung Danielis

elam·vnd ich ſahe in der geſicht·das ich wär auff dem thor vlai·vñ ich hůbe auff meine augen vnd ſahe·Vnnd ſecht·ein wyder ſtůnd vor der pfůtze habend hohe hörner·vnnd eines höher dem daz ander·und was fürwachſend·Darnach ſahe ich einen wyder ſchlahend mit den hörnern gege dem vndergang· vnd gegen mittentage·vnd gegen mitternacht·vnd alle thiere mochten jm nit widerſteen· noch werden erlöſet võ ſeiner handt· vñ es thet nach ſeinē willē·vñ war de großmächtiget·Vnd ich verſtůnd Aber ſecht·ein bock der geyſſen kame von dem vndergang·auff de antlytz aller erde·vnd růret nit die erde·Vñ der bock het ein edels oder groſſes horen zwÿſchen ſeinen augen·vnnd er kame biß zů dem gehörneten wyder den ich ſahe ſteen vor dem thor· vnd er lieff an jn in 8 jähe ſeiner ſtercke· Vnd do er ſich het genähnet nahent zů dem wyder·er wütet wider jn vñ ſchlůge den wyder·vnd zermůlet ſeine zwey hörner·vnd der wyder mochte jm nit widerſteen·vnd do er jne het gelaſſen an die erde·er tratte jn vnd keiner mocht erlöſen den wyder

von ſeiner handt·Vnnd der bock der geyſſen warde gar faſt groß·Vnd do er was gewachſen·das groſs horen zerbrach·vnd vnder jm wurde aufgetö vier hörner·durch die vier winde des hymels·Aber von einem auß jn iſt außgegangen ein kleines horn· vnd warde groß gegen mittemtage· vnd gegen dem auffgang·vnd gegen der ſtercke·Vñ iſt groß gemachet biß zů dem fürſten der ſterck des hymels vnd warff nyder von der ſterck vnd von den ſternen·vnd vertrate ſy·vñ warde groß gemächtiget·biß zů dem fürſten der ſtercke·Vnd name võ jn ein ewiges oder groſſes opffer·vnnd verwarff die ſtat ſeiner heyligkeyt· Vnd jm warde gegeben krafft wider das groß oder ewig opffer·vmb die ſünde·vnd die warheyt wirdet zerſtreüwet an die erden·vnnd er thůt es·vnd wirdet glücklich·Vnnd ich höret einen von den heyligen reden vnd ein heylig ſprach zů dem andren·Ich wayß nicht mit wem ich rede·oder wölchem redenden·Biß wye lang iſt die geſichte·die do iſt gemachet vnd das groß oder ewig opffer vnd die ſünde der verwüſtung·vnd

8 – 1487

**Johann Wonnecke (von Kaub), Gart der Gesundheit. Mit Vorrede von Bernhard von Breydenbach, Ulm: Konrad Dinckmut, 31.3.1487 (GW M09746). 2°.
Signatur: Bibl. SSGG, Inc. 281a**

Provenienzen: Geschenk eines Herrn Baumgarten aus dem Siegelhaus an einen Unbekannten

Einband: Neuer Pappband mit Pergamentbezug. Rot und grün rubriziert, Holzschnitte koloriert

Der Autor, Johann Wonnecke von Kaub (um 1430–1503/4), latinisiert Johannes de Cuba, arbeitete als Arzt in Augsburg und Frankfurt. Er wurde von dem Mainzer Domherren Bernhard von Breydenbach (um 1440–1497) beauftragt, die Texte für dieses Kräuterbuch zusammenzustellen. Wonnecke nutzte dafür verschiedene antike und mittelalterliche Quellen sowie die Informationen, die Breydenbach auf seiner Pilgerreise ins Heilige Land gesammelt hatte. Das Werk beschreibt 382 Arzneipflanzen mit Namen, Vorkommen, Merkmalen, Wirkung und Anwendungsmöglichkeiten. Am Ende finden sich verschiedene Register. Dazu gehört ein nach Beschwerden beziehungsweise Symptomen geordnetes Register, das auf die geeigneten Heilkräuter verweist, sowie ein alphabetisches Register der beschriebenen Kräuterpflanzen. Die Illustrationen – kolorierte Holzschnitte mit stilisierten Darstellungen der Heilpflanzen – stammen zum Teil von Erhard Reuwich aus Utrecht (um 1445–um 1490), der auch die Holzschnitte für den Pilgerbericht des Bernhard von Breydenbach angefertigt hatte. Die Abbildung zeigt eine Seite mit der grün kolorierten bildlichen Darstellung und Beschreibung des Baldrians und der Weinrebe. Das Werk, dessen erste Ausgabe 1485 von Peter Schöffer in Mainz gedruckt wurde, ist das erste illustrierte Kräuterbuch in deutscher Sprache. Bis 1500 erschienen 14 gedruckte Ausgaben, davon eine Übersetzung ins Niederdeutsche. Es zählt zu den wichtigsten spätmittelalterlichen naturkundlichen Werken. Der vorliegende Druck wurde von Konrad Dinckmut, einem der ersten Ulmer Buchdrucker, erstellt. Er druckte vor allem deutschsprachige Werke mit religiösem Inhalt.

Lit.: Geldner, Inkunabeldrucker 1, S. 197–200; Die deutsche Literatur des Mittelalters 10, Sp. 1421 f.; Brigitte Baumann/Helmut Baumann, Die Mainzer Kräuterbuch-Inkunabeln: „Herbarius Moguntinus" (1484), „Gart der Gesundheit", „Hortus sanitatis" (1491). Wissenschaftshistorische Untersuchung der drei Prototypen botanisch-medizinischer Literatur des Spätmittelalters unter Berücksichtigung der Vorläufer „Etymologiae" (um 630), Stuttgart 2010, S. 111–176; Meckelnborg, Inkunabeln, Nr. 509; Gart der Gesundheit, in: Geschichtsquellen des deutschen Mittelalters, http://www.geschichtsquellen.de/werk/606 [Stand: 10.8.2023]

Baldrian.
Capitulum. ·ccccxv·

Alexiana latine·Fu arabi. Grece lichinis·⁋ Serapio in dem büch aggregatoris in dem capitel fu id est valeriana spricht·das dises sei ain kraut vnd hat klaine lenglichte pleter· ⁋ Etlich maister sprechen das dise pleter geleichen den eppichpletteren·Diß kraut hat weiß plůmen sein wurtzel ist gleich ainem zopff mit hare·⁋ Plinius in dem capitel fu spricht das dises sey heiß in dem dritten grad·vñ trucken an dē anfang des andern·⁋ Paulus der spricht das die wurtzel von disem kraut gebraucht werde in der ertznei·⁋ Dise wurtzel macht schwitzen von dē getruncken·Auch macht sie fast wol harmen·⁋ Stranguriosis vñ dissururs·das sind die mit not oder tröpfflingen netzen·Auch die den kalten seich habent ist vast gůt über dise wurtzel getruncken Dise wurtzel vñ kraut haben gar ain starcken gerauch·⁋ Die katzen reiben sich an das kraut·vnd werffen dar wider iren samen·vñ darumb soll diß bewaret werden vor den katzen das zů ertzneie gebraucht sol werden·⁋ In dē bůch circa instans·beschreiben vns die maister vñ sprehen das dise wurtzel gedörret wert dreü iar vnuerseret an irer natur·⁋ Dise wurtzell soll in dem augst gesamelt werdē·⁋ Baldrian vñ weiß wurtz vnder einander gemischt mit rückem mele tötet die meüß·⁋ Baldrian mit fenchelsamen vnd eppesamen in wein gesotten ist ser machen harmen·vñ ist auch gůt wider lenden weethumb·vñ bringt auch frawen feüchtung genannt menstruū·

Weinreben.

9 – 1488

**[Rudimentum novitiorum, franz.] La mer des histoires, P. 1-2, Paris: Pierre Le Rouge für Vincent Commin, P. 1: Juli 1488; P. 2: Februar 1488 (GW M39081). 2°.
Signatur: Bibl. SSGG, Inc. 340**

Provenienzen: Besitzvermerk des Claude François Reboucher (1687–1748), Staatsrat von König Ludwig XV., 1729; Geschenk von Polizey-Commissarius Crachi an die Bibliothek des Königlichen Gymnasiums in Koblenz 1826

Einband: Restaurierte Lederbände auf Pappe mit floraler Rückenvergoldung. Rot, blau und gelb rubriziert, rote und blaue Lombarden, teilweise auch mit rot-blau geteiltem Buchstabenkörper, Holzschnitte koloriert

Die zweibändige Weltchronik wurde von einem anonymen Geistlichen, vermutlich Franziskaner, in Lübeck zusammengestellt, wo auch die erste Ausgabe 1475 erschien. Die Beschreibung beginnt mit der Erschaffung der Welt und reicht bis 1473. Der Text ist in sechs Weltzeitalter gegliedert. Quellen waren die Bibel, die Kirchenväter, die Autoren der klassischen Antike und des Mittelalters. Das Werk enthält auch 29 Fabeln des Aesop, die im Altertum und Mittelalter zu den beliebtesten Grundlagen für den lateinischen Sprachunterricht, aber auch für Predigten gehörten. Auch unter geographiehistorischen Gesichtspunkten ist das Werk interessant, denn die Beschreibung des zweiten Zeitalters enthält in der Erstausgabe 1475 die erste gedruckte topographische Weltkarte sowie ein umfangreiches geographisches Wörterbuch. Im dritten Zeitalter findet sich eine ausführliche Beschreibung des Heiligen Landes und eine frühe gedruckte Landkarte von Palästina. Die vorliegende französische Übersetzung wird zudem ergänzt durch die Geschichte der Könige von Frankreich bis zum Tod von Louis XI. 1483 und ein Martyrologium, das der Benediktinermönch Usuard (um 899) verfasst hat. Die Ausgabe ist reich koloriert und zählt zu den prächtigsten französischen Inkunabel-Drucken. Sie enthält 383 Holzschnitte, zwei ganzseitige Holzschnitte sowie die zwei erwähnten Landkarten und weist einen bemerkenswerten Initial- und Randleistenschmuck auf. Der Drucker der französischen Ausgabe, Pierre Le Rouge, folgte in der Anordnung und bei den Illustrationen stark der lateinischen, in Lübeck gedruckten Ausgabe. Der Titelholzschnitt des vorliegenden ersten Bandes ist nur in geringen Resten erhalten. Am Schluss des ersten Bandes findet sich eine Art Inhaltsverzeichnis mit kurzen Beschreibungen des Inhalts der einzelnen Kapitel.

Lit.: Theodor Schwarz, Über den Verfasser und die Quellen des Rudimentum novitiorum, Rostock 1888; Gustav Kohfeldt, Zur Druckgeschichte des Lübecker Rudimentum novitiorum vom Jahre 1475, in: Zentralblatt für Bibliothekswesen 24 (1907), S. 26–31; Meckelnborg, Inkunabeln, Nr. 432; Geschichtsquellen des deutschen Mittelalters, https://www.geschichtsquellen.de/werk/4249 [Stand: 27.8.2023]

In principio creauit deus celum et terram.

Pour euiter les grans erreurs qui peuent sourdre et aduenir de iour en iour/

Et pour auoir clerement congnoissance par fonde
de la saincte escriture/dit.s. augusti sur le pmier chapi de genese/q̃ en icelle y a deux ses.cestassauoir le sens litteral.et le ses espirituel. Desqlx lug q̃ est espirituel est diuise en trois autres. Dõt le pmier est le ses allegoricq.leql mostre les misteres quõ doit entendre a croire par lescripture. Le secõd est tropologicq.cest adire moral.par leql nous est enseigne q̃lle chose nous deuõs faire pour biẽ nous cõduire a gouuerner. Et le tiers est anagogicq/cestadire diui.et selõ tel ses est lescripture exposee touchãt les choses celestielles a diuines. Mais le ses litteral ou historicq mostre tãt seullemẽt listoire selõ la lettre sãs glose/ne quelque expositiõ. Lesqlx quatre ses dessus ditz cõe dit frãcois de marones sõt appropriez aux.iiii.docteurs de lesglise.car.s.

augusti fust anagogique Interpretãt la dicte saincte escripture selon les choses haultes et diuines. Et pource dit sainct Jerome escripuãt a paulinus/q̃ sainct augustin voloit cõme une aigle par les sumitez des mõtaignes/se effor cant de predre et cueillir les pomes qui estoyẽt plus haultes sur larbre. Cest a dire le ses plus difficile. Et en laissant les choses faciles aux autres docteurs.

℄ Sainct Jerome ijd docteur de leglise fust historicq/et se arrestoit au ses litteral. Sainct ambroise fust allegoricq. Expo sant la saincte escripture touchãt les misteres q̃ nous deuõs croire. Et saict gre goire fust tropologicq.cestadire baillãt le ses moral dicelle. monstrãt commẽt on doibt vertueusement viure. En ceste proposition In principio

a

10 – um 1490

**Missale Trevirense, [Köln: Ludwig Renchen, um 1490] (GW M24800). 338 Bl. 2°.
Signatur: Bibl. SSGG, Inc. 343 (2. Ex.)**

Provenienz: Kaiserin-Augusta-Gymnasium Koblenz, darunter Stempel der Gymnasialbibliothek aus der Zeit des Nationalsozialismus

Einband: Spätgotischer Lederband auf Holz mit Streicheisenlinien und Einzelstempeln in Blindpressung, Werkstatt Köln, Löwe mit Krone (EBDB w000366). Rote und blaue Lombarden, an größeren Texteinschnitten Fleuronnée-Initialen

Ein Missale oder Messbuch enthält die liturgischen Texte der Messe im Laufe des Kirchenjahres. Nach Abschluss des Konzils von Trient (1545–1563) erschien das erneuerte *Missale Romanum*, das unter Papst Pius V. als verpflichtendes Messbuch für alle Diözesen und Orden mit römischem Ritus eingeführt wurde. Nur die Diözesen und Orden, in denen eine eigene Messtradition existierte, die älter als 200 Jahre war, durften diese weiterführen. Dazu gehörten in Deutschland die Bistümer Mainz und Trier. Die eigene Messtradition des Bistums Trier lässt sich auf das Jahr 1354 zurückführen. Das Trierer Missale wurde 1806 zuletzt gedruckt, und 1810 erfolgte wegen hoher Nachfrage ein Nachdruck. Noch im 19. Jahrhundert feierten viele Priester in der Diözese Trier die Messe nach dem Trierer Messritus. Erst 1888 wurden in Trier offiziell das tridentinische Messbuch und auch das Römische Brevier eingeführt. Von dem vorliegenden Druck sind nur die beiden Exemplare in der Bibliothek des Görres-Gymnasiums Koblenz und ein Exemplar in der Wissenschaftlichen Stadtbibliothek Trier nachgewiesen. Der Farbholzschnitt stellt Jesus am Kreuz mit seiner Mutter Maria und seinem Lieblingsjünger Johannes dar. Vier Engel fangen mit Kelchen das Blut Jesu aus seinen Wunden auf. Umrahmt wird die Darstellung von floralen Elementen, an den vier Ecken finden sich die Symbole der vier Evangelisten: der geflügelte Stier (für Lukas), der geflügelte Mensch (für Matthäus), der geflügelte Löwe (für Markus), der Adler (für Johannes). Der Drucker Ludwig von Renchen (vor 1482–nach 1505) ist vermutlich in Köln geboren und begann dort 1482 zu drucken. In seiner Offizin erschienen Liturgica, Erbauungsschriften, Schulbücher und auch Einblattdrucke. Im Ganzen sind sechs Drucke aus seiner Werkstatt nachgewiesen; der letzte ihm zugeschriebene Druck stammt von 1505.

Lit.: Reske, Buchdrucker, S. 424; Heinz, Liturgie, S. 133–166 u. S. 243–282; Meckelnborg, Inkunabeln, Nr. 352

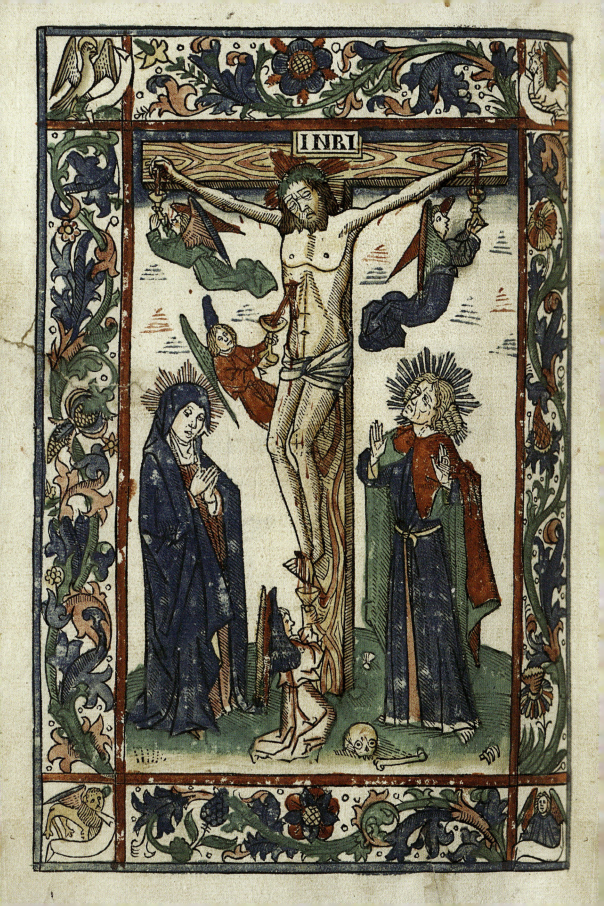

11 – 1492

Conrad Bote, Cronecken der Sassen. Holzschnitte vom Meister WB, Mainz: Peter Schöffer, 6.3.1492 (GW 4963). 2°. Signatur: Bibl. SSGG, Inc. 311

Provenienzen: Wolfgang Vahlen 1560; Familienbibliothek der Grafen von Metternich-Winneburg und Beilstein, 17. Jahrhundert

Einband: Restaurierter Renaissance-Ledereinband auf Holz aus dem 16. Jahrhundert mit einer Platte, Rollen und Einzelstempeln

Es handelt sich bei diesem Druck um das letzte große Holzschnitt-Werk aus der Werkstatt von Peter Schöffer (1425–1503). In Gernsheim am Rhein geboren, arbeitete Schöffer als Geselle in der Werkstatt Johannes Gutenbergs in Mainz, führte später mit Johannes Fust als Teilhaber die Offizin, und nach dessen Tod war er ihr alleiniger Besitzer. Er war auch als Verleger tätig. In seiner Werkstatt erschienen rund 230 Inkunabeldrucke. Das reich illustrierte Werk behandelt die Geschichte der Sachsen in niederdeutscher Sprache bis zum Jahr 1492. Der Verfasser Botho, auch Bote genannt, schildert die Herkunft der Sachsen, die Geschichte ihrer Herrschergeschlechter, Kriege, Eroberungen und Städtegründungen. Ein Schwerpunkt der Darstellung liegt auf der Stadt Magdeburg und der niedersächsischen Region. Auch detailreiche Kaiser- und Fürstengenealogien sind enthalten. Als Quellengrundlage sind die *Sächsische Weltchronik*, die *Magdeburger Schöppenchronik* und die *Braunschweigische Reimchronik* zu nennen. Die Holzschnitte werden dem „Meister WB" zugeordnet, der gegen Ende des 15. und Anfang des 16. Jahrhunderts im unteren Maingebiet als Kupferstecher, Holzschnittkünstler sowie als Tafel- und Glasmaler nachweisbar ist. Als Autor des anonym erschienenen Werkes wird der in Braunschweig lebende Chronist und Goldschmied Konrad Bote (vor 1475–1501) vermutet; es ist aber auch möglich, dass nicht er, sondern der mittelniederdeutsche Chronist Hermann Bote (um 1450–um 1520) der Verfasser war. Die Abbildung zeigt die Stadt Frankfurt mit dem Dom im Bau mit Baukran und zwei Menschen, die am Dom arbeiten, das Wappen der Stadt Frankfurt mit dem weißen, aufgerichteten Adler und eine Darstellung des Stadtheiligen, des heiligen Bartholomäus.

Lit.: Allgemeines Lexikon der bildenden Künstler von der Antike bis zur Gegenwart, hg. von Ulrich Thieme/Felix Becker, Bd. 37, Leipzig 1950, S. 452 f.; Geldner, Inkunabeldrucker 1, S. 30–38; Reske, Buchdrucker, S. 588 f.; Meckelnborg, Inkunabeln, Nr. 141; Geschichtsquellen des deutschen Mittelalters, www.geschichtsquellen.de [Stand: 4.8.2023]

Franckefort.

Lſe godde ōme hulppe dede dat he weder quam by ſyne voſck. He toch wedder to den ſaſſen vnde voriagde ſe von deme feſteken dat ſe gebuwet hadden dat ſe heten ſaſſenhuſen. Vnde buweden vppe de ander ſyde des waters eyne feſte do de ſaſſen ſtonden vnde repen. fanckevort franckvort. Na den worden aſſe de ſaſſen repen den francken to ſpeyge. ſo letten de francken dat den Saſſen to ſpeyge franckvort heyten Alſo dat dar van nu is geworde eyne grotte kopſtadt. vnde het noch hude in den dach Franckvort. Vnd dat ander vppe de ander ſyde des waters dat het ōck noch Saſſenhuſen. Vnde ſynt twey ſtede Vnd ſe ſcheydet dat water de Mȫne.

12 – 1493

Marcus Tullius Cicero, Epistulae ad Familiares. Mit Kommentar von Hubertinus Crescentinas und Martinus Phileticus. Mit Brief an Bonus Accursius von Hubertinus Crescentinas, Venedig: Bernardinus Benalius, 21.5.1493 (GW 6848). 240 Bl. 2°. Signatur: Bibl. SSGG, Inc. 176 (1. Ex.)

Publius Ovidius Naso, Epistulae Heroidum. Mit Argumenta, Kommentar und Widmungsbrief an Ludovicus Diaedus von Antonius Volscus […], Venedig: Simon Bevilaqua, 15.7.1496 (GW M28778) 2°. Signatur: Bibl. SSGG, Inc 176 (1. Ex.)/1

Provenienz: Koblenz, Dominikaner

Einband: Spätgotischer Lederband auf Holz mit Streicheisenlinien, einer Rolle und Einzelstempeln, ehemals Liber catenatus, Kettenbefestigung erhalten. Werkstatt Heidelberg, Blumenstock Raute I (EBDB w000110). Rubriziert, rote Lombarden, teilweise mit Aussparungen

Der römische Politiker und Redner Marcus Tullius Cicero (106 v. Chr.–43 v. Chr.) führte mit vielen Personen einen intensiven, zum Teil täglichen Briefwechsel. Seine Briefe erschienen nach seinem Tod in vier verschiedenen Sammlungen: die vorliegenden *Epistulae ad Familiares, Epistulae ad Quintum Fratrem, Epistulae ad Atticum* und *Epistulae ad Marcum Brutum*. Insgesamt sind es rund 900 Briefe, davon 100 an ihn gerichtete. Es handelt sich nicht um stilisierte Kunstbriefe, sondern um private Briefe, die von den Autoren nicht zur Veröffentlichung gedacht waren. Die *Epistulae ad Familiares* bestehen aus 16 Büchern und enthalten Ciceros Briefwechsel mit verschiedenen Persönlichkeiten der Politik, so zum Beispiel mit Lucius Munatius Plancus (87 v. Chr.–um 15 v. Chr.), Marcus Aemilius Lepidus (90 v. Chr.–2 v. Chr.), Decimus Iunius Brutus Albinus (81 v. Chr.–43 v. Chr.) und Gaius Cassius Longinus (85 v. Chr.–42 v. Chr.) in den Büchern X, XI und XII, die eine wichtige Quelle für die letzten Jahre der Römischen Republik darstellen. Es finden sich aber auch sehr private Briefe, wie an seine Gattin Terentia und seinen Freigelassenen Tiro. Der Druck stammt aus der Werkstatt des venezianischen Druckers, Buchmalers und Kupferstechers Bernardinus Benalius (1483–1520). Er kam aus Bergamo und arbeitete in Venedig in einer Druckergemeinschaft mit Georgius Arrivabene und Paganinus de Paganinis zusammen. Gelegentlich war er auch als Auftragsdrucker für Lazarus de Soardis tätig. Die Abbildung zeigt eine Seite im Zwei-Spalten-Druck, d. h. der Text ist von Kommentaren umgeben, die ihn umschließen. Dieses Layout findet sich besonders häufig bei Ausgaben lateinischer Klassiker. Der vorliegende Sammelband enthält weiter einen Druck der *Epistulae Heroidum*, eines der Frühwerke des römischen Dichters Publius Ovidius Naso (43 v. Chr.–17 n. Chr.), der 1496 in der venezianischen Druckwerkstatt von Simon Bevilaqua erschien. Inhaltlich handelt es sich dabei um fiktive Briefe von mythischen Frauen an ihre abwesenden Männer – von Penelope über Dido bis Phädra.

Lit.: Wolfgang Schmitz, Grundriss der Inkunabelkunde. Das gedruckte Buch im Zeitalter des Medienwechsels, Stuttgart 2018, S. 130f.; Gesellschaft im Brief, hg. von Thomas Späth, Stuttgart 2021; Meckelnborg, Inkunabeln, Nr. 166 u. 380

EPISTOLARVM FAMILIARIVM

Tu vero: Quod supra scripsit Ci. de Aufidiano noie nihil te hortor: uides significare itelligi q̃ pe
cunia: de q̃ i hac epistola loq̃t: de q̃ scribit Ci. ad Tironé: ut pfessionem faciat. Deide significat An
tonium qdā cōtra se decreuisse: se at cōtra oīa psidiis philosophiæ: muitū esse: uelle tñ Antōii aici
tia retinere: seq̃ ad eū scripturū. Tu ue. cū hæc dictio uero i pricipio oroīs ponit: aut ironia cōtinet aut
respōsiōem: ut hic & supra li. iiii. ad Seruiū Sulpiciū. Ego uero serui uelle ut scribis i meo grauissīo casu
affuisses: & paulo sup i hoc libro ad Tiroēm: ego uero cupio te ad me uenire. **Professiōem: cōfessiōem.**

Professio pfiteri
Cōfiteri
Epiphora

Seruꝰ dicit pfiteri ex uolū
tate: cōfiteri ex necessitate.
Epiphora: ophthalmia mō
bo oculoꝝ. Plinius sæpe hoc
uerbo utit p morbo oculo
rū. dicit.n. epiphoris oculo
rū medet: ex quo cognosci
mus morbū esse oculoꝝ: nō
at gutturis: ut qdā male iter
pretaf: significat etiā iterdū
græce ἐπιφορα cōdemnati
oné. **Oppressū:** grauatū.
Vt loq: coiūgēdus est totus
hic textꝰ sic uerūm Balbus
ad me scripsit tāta se epipho
ra oppressū: ut loq n p ossit
qd Antōius: de lege eergit.
Liceat: cōcedat: pmittat.
Mōn: tm̄mō q̃si dicat. nihil
aliud q̃ro: Quæ aūt eēt hæc
lex: nō facile scit. **Tu uide**
ris. i. tu uideto. **Atticus:** Pō
ponius ἀϋικοϊο repentinis
rumoribꝰ. **Idem sem̃p pu**
tat. i. putat me sem̃p moueri
Nec uidet: nec itelligit.
Quibꝰ: q̃libus: q̃ magnis.
Præsidiis: tractū a militibꝰ.
Septꝰ: mūitus: qa philoso
phia docet me quō debeam
oīa mihi iprouiso euenietia
cōtenere θοπυβοπ οιετ. i. tu
multuat̃: rumore fac. θορυ
βεωκαϊπ υϊεω. Inueterata
iā multis annis icepta. **An.**
tonii. Antoniū itelligi pu
to: cuiꝰ fuit collega i cōsula
tu. **Sine ulla offensiōe:** sine ulla iiuria. **Ad e. Antōii. An. citiꝰ. Auoco:** amoueo. **A singrapha** .s. faciēda
p cōfessiōe pecuniæ. i. nō tamē uolo discedas anteq̃ facias syngrapham: uel acipias syngrapha q possis pecu
niā hēre est. n. pprie syngrapha cōscriptio maxie de re pecuniaria: ut. lib. vii. ad trebatiū epistola q icipit
Ex tuis lr̃is: tanq̃. n. syn grapha ad iperatoré attulisses nō epistolā: sic pecunia ablata domū redire ppe
rabas. uulgo dicunt i fæ capsoniæ uel pmutatoriæ: legēdū est aūt a uoco a syngrapha: nō autem a uoco
ad syngrapha. **Ad cuius: Leptæ. Rutā.** i. amaritudiem. **Est utendum puleio tui sermōis.** i. ad cuius sermo
nis amaritudinem uel acerbitatem est utendum luauitate tui sermōis: erat. n. q̃tum coniicimus Lepta ali
quantulum acerbus: Tiro uero suauis: quas proprietates significauit per rutam & pulegium.

Auoco
Syngrapha

T si mane: Primum Cic. ostendit necessitate a se dimisse Tiroēm: ut eius negocia explicaret: & ex
pediret: Deide sūmati dicit qd ab eoagi uelit. Postremo admōet eū Balbū fuisse Aquini & Hyr
ciū. **Harpalū: seruū.** Iisdē de rebus: de qbus alias ad te scripsi. **Qui:** qdnō. **Prora & puppis.** i.
plena necessitas: & ois atq̃ urgentissima causa. Vt græcorꝰ. cū. n. græci dicere uoluit: totū ē mihi & hoc ut
ita faciā: dicunt pra & puppis mihi ē: quia ex pra & puppi tota nauis significat. Tui dimittēdia me. i. ut
tu a me dimitteris. **Explicares:** expedires Romæ. **Satisfiat:** soluat id pecuniæ quod debet. **A flāma:** ab
icendio: idest a periculo: puerbialiter dictum. **Si non potes.** s. extorquere. **Extorqueas:** eripias: liberes:
debebāt. n. esse i piculo alqua bona Ciceronis. **Pensio:** nostræ domus. **Attributiōe:** quā tibi mādaui: de
qua non facile est itelligere hactenus scilicet dictum sit: hæc eni quæ dixit domestica erāt. **De publicis:**
subaudi fac. **Omnia mihi certa sint. Quid Octauius:** scilicet faciat: idest Cæsar **Octauianus. Opinio:**
existimatio. **Accurram:** celeriter ueniam. **Aquini:** oppidum est Apuliæ. **Cum:** quādo. **Postridie:** q̃ Bal
bus fuerat. **Ad aquas semas:** locus non longe ab aquino a balneis ita dictus. **Quod egerit:** ordo est. fac
ut admoneantur: scilicet **Hircius & Balbus:** quod egerint procuratores Dolobellæ.

Quine

Accurram

Vuero cōfice professioné si potes. Et si hæc) Tiroi. **S.D.**
pecunia ex eo genere ē: ut professione nō egeat: uerū tamē
Balbus ad me scripsit tāta se epiphora oppressum. ut loq
nō possit. Antonius de lege quid egerit: liceat mon rusticari. Ad bi
thinicum scripsi de Seruio. tu uideris: qui senectutē nō cōtenis. Et
si Atticus noster: loqui quodā me cōmouere itellexit
idé sp putat: nec uidet qbus presidiis septus si. Hercule qd timidus
ipse ē   ego tamē ātoii iueteratā sic ulla offesiōe amici
tia retinere sane uolo: scribāq̃ ad eum sed nō ateq̃ te uidero: nec ta
mē te aduoco   cras expecto læpta: &.n. ad cuius rutā
pulegio mihi tui sermonis utēdum est   M.C. Titroni. **S.D.**

Et si mane Harpalum miserā: tamē quum hēre cui recte
dare litteras: & si noui nihil erat: iisdē de rebus uolui ad te
sepius scribere: nō qn cōfidere diligentiæ tuæ sed rei ma
gnitudo me mouebat: Mihi prora & puppis: ut græcorum prouer
biū ē: fuit a me tui dimittēdi ut rōnes nostras explicares Offilio &
Aurelio utiq̃ satisfiat a flāma. si nō potes oēm ptē aliq̃ ueli extor
queas. In primisq̃: ut expedita sit pēsio caledis ianuarii de attribu
tōe cōficies: de represētatōe uidebis: de domesticis eius hactenus d
publicis oīa mihi certa. Quid Octauius: qd Antonius: que hoīum
opinio: qd futurū putes: ego uix teneor: qn accurā. sed si litteras tu
as expecto & scito balbū tuū suisse aqni: tū tibi ē dictū. & postridie
hyrciū puto: utriq̃: ad aquas sēas quod egerit: dolobelle procurato
res fac ut admoueantur: appellabis tuam puppiam.

13 – um 1495

Speculum humanae salvationis, deutsch. Das ist der spiegel der menschen behaltnysse in den euangelien vnd mit epistelen nach der zyt des iares. Mit dt. Perikopen aus Der Heiligen Leben. Mit Holzschnitten vom Meister der Drachschen Offizin, [Speyer: Peter Drach der Mittlere, um 1495] (GW M43022). 236 Bl. 2°.
Signatur: Bibl. SSGG, Inc. 418

Provenienz: Exlibris mit dem Wappen der Familie Metternich

Einband: Restaurierter spätgotischer Holzdeckelband, bis zur Deckelmitte mit Leder bezogen, darauf Streicheisenlinien und Einzelstempel

Das *Speculum Humanae Salvationis* (auch *Heilsspiegel* oder *Liber Laicorum*) wurde zu Beginn des 14. Jahrhunderts von einem unbekannten deutschen Dominikaner verfasst und hatte über mehrere hundert Jahre einen großen Einfluss auf die Gläubigen. Die ersten Handschriften datieren aus dem frühen 14. Jahrhundert. 350 lateinische Handschriften des Werks sind erhalten, die meisten davon illuminiert. Ab 1473 erschienen die ersten Drucke des Werks. Der *Heilsspiegel* enthält Erzählungen des Neuen und Alten Testaments sowie Teile aus der antiken Mythologie und Geschichte neben einer Anleitung zum gottgefälligen Leben. Dabei werden die Erzählungen aus dem Neuen Testament mit Erzählungen aus den Alten Testament und auch mit antiken Sagen verknüpft und erläutert. Am Anfang findet sich ein Register der kirchlichen Feste und der Bibelstellen. Während die in diesem Exemplar enthaltenen 278 Holzschnitte durchgehend koloriert sind, wurden die Kapitelanfänge nur zum Teil ausgemalt, zum Teil sind sie gar nicht ausgearbeitet. Die Abbildung zeigt eine Seite aus dem Buch Genesis mit zwei Farbholzschnitten. Der eine stellt die nackte Eva dar, wie sie mit der Schlange spricht, die mit weiblichen Brüsten dargestellt wird, der andere bildet Adam und Eva unter dem Apfelbaum ab, um den sich die Schlange windet. Sie haben bereits vom Baum gegessen und bedecken ihre Scham. Der Druck stammt aus der Bibliothek der Fürsten von Metternich. Diese war von Kurfürst Lothar von Trier (1600–1623) aufgebaut und, nachdem er sie seinem Neffen hinterlassen hatte, dem Hause Metternich einverleibt worden. In Zusammenhang mit dem Vordringen der Franzosen in Deutschland gelangte diese Büchersammlung 1806 an die Schulbibliothek. Ein Teil des Bestandes wurde 1818 und 1821 zurückgegeben.

Lit.: Hans Schmidt-Wartenberg, Zum Speculum Humanae Salvationis, in: Publications of the Modern Language Association 14,1 (1899), S. 137–168; Geldner, Inkunabeldrucker 1, S. 188–192; Lexikon des Mittelalters 7, Sp. 2088–2089; Meckelnborg, Inkunabeln, Nr. 459

keinerhande betrübde. vnd hette nit gewisset vmb keinerhande scham oder schande. Syn oren werent nümer daup worden. Syn augen weret nümer gefinstert worden. Syn füsse hetten nümer gehuncket. kein wasser möcht yn han erdrencket. noch kein fúer noch hytze der sonnen mocht yn han verbrant. kein fogel möchte yn han beswert. kein lufft noch kein wetter möcht yn han gepyniget.

Der tüfel betrog euam durch den schlangen Genesis am. ij.

Oder warumb er künig Pharaonis hertze wolt zu sünden erherte. Vnd marien magdalenen hertze zu rüwen erweichen. Vnd warvmb er sant Peter der syn dry stunt verleuckente rüwen im in syn hertze sante Vnd iudas in synen sünden ließ verzwyfelen. Vnd warvmb er dē einen schecher gnade der bekerde yn goß vnd synem gesellen kein gnade gab. warumb er einen sünder zühet vnd den andern nit enzühet. Disser ding soll sich kein mēsche vnderwinde zu durchgründen. wan disse wercke vnd ir glych die synt mēschliche synne vnerforschlich. Dissen fragen gyt sanctus Paulus einen kürtzen vßtrag. vnd spricht. Got erhertet den er wil vn̄ erbarmet sich vber dē er wil. zu den Rhömern.

Eua betrog adam das er mit ir aß die verbotten frucht. Genesis am. iij.

Das ander capittel.

Die menschen hetē nümer kein kriege vnder einander gehat. vn̄ hettent einander liep gehat als gebrüder. Dem menschen werent auch alle yrdēsche creaturē vnderthenig gewesen. vnd hetten allezyt gelebt in freüdē an alle sorge. Vnd so es were syne schöpfer geuellig gewesen so hetter yn mit lyb vn̄ mit sele zū hymmel genomen. Kein mensche soll sich vnderwinden zu ergrǜnden war vmb got dē menschē vn̄ die engel wolt beschaffē syt er ir beider fal wol wüste

Vor haben wir gehört wie größlichē got den menschē geeret het. nū sollen wir hörē wie der mēsche sich selber gekrencket

14 – 1497

Hieronymus Brunschwig, [Chirurgia] Dis ist das Buch der Chirurgia, Straßburg: Johann Grüninger, 4.7.1497 (GW 5593). 2°. Signatur: Bibl. SSGG, Inc. 143/1

Hieronymus Brunschwig, [Pestbuch] Liber pestilentialis de venenis epidimie. Das buoch der vergift der pestilentz das da genant ist der gemein sterbent der Trüsen Blatren, [Straßburg:] Johann Grüninger, 19.8.1500 (GW 5596). 2°. Signatur: Bibl. SSGG, Inc. 143

Provenienz: Koblenz, Jesuitenkolleg

Einband: Kalikoeinband, um 1950

Der Sammelband enthält die beiden berühmten Werke des Straßburger Arztes Hieronymus Brunschwig (1450–1512). Die früher erschienene *Chirurgia* ist dem *Pestbuch* nachgebunden. Es handelt sich um das erste gedruckte Chirurgiebuch in deutscher Sprache. Als Quelle nutzte Brunschwig die *Chirurgia magna* von Guy de Chauliac (um 1298–1368), die dieser 1363 veröffentlichte. Im Erscheinungsjahr der *Chirurgia* druckte Schönsperger in Augsburg bereits einen Raubdruck. Als Reaktion darauf ergänzten Brunschwig und sein Drucker Johannes Grüninger (um 1455–um 1532/33) die noch nicht verkaufte Restauflage um vier Abhandlungen, die ebenfalls die *Chirurgia magna* als Grundlage hatten. In der vorliegenden Ausgabe fehlen diese Ergänzungen. Die Abbildung *Von den instrumenten* zeigt die Werkzeuge, die ein Chirurg in dieser Zeit nutzte. Das Pestbuch beschreibt auf der Grundlage von Heinrich Steinhöwels (1420–1482) Abhandlung über die Pest von 1473 die Ursachen der Krankheit, Symptome und vorbeugende Maßnahmen. Brunschwig, der die Pest von 1473 selbst miterlebt hatte, gab in dem Text Ratschläge und Anleitungen für die Behandlung der Erkrankten. Zahlreiche Holzschnitte illustrieren die Darstellung und verdeutlichen die medizinischen Aspekte, zum Teil haben sie aber auch einen religiösen Bezug. Johannes Grüninger, in Markgröningen geboren, arbeitete zunächst als Drucker in Venedig, kam dann nach Basel, wo er seit 1480/81 nachgewiesen ist. Er druckte Literatur aller Fachgebiete, auch volkstümliche Bücher. Als einziger Straßburger Drucker blieb er katholisch, druckte aber sowohl Lutherschriften als auch Werke seiner Gegner.

Lit.: Geldner, Inkunabeldrucker 1, S. 71–75; Lexikon des Mittelalters 2, Sp. 793–794; Meckelnborg, Inkunabeln, Nr. 148 u. 149

Von den instrumenten XIX

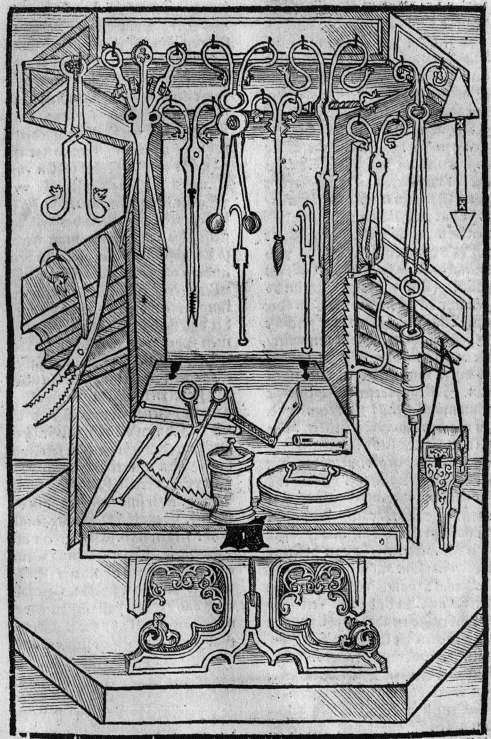

Zů dem ersten gebürt zů haben schermesser das har da mit ab zů scheri/des
gelichen da mit zů schn:denn. Dan dienotturfft das erheischet Darnach ein
grossen bad schwamen das plůt von der wundenn zů weschenn vnnd rei

15 – 1499

[Chronik der Stadt Köln, niederdeutsch] Die Cronica van der hilliger Stat van Coellen, Köln: Johann Koelhoff der Jüngere, 23.8.1499 (GW 6688). 368 Bl. 2°.
Signatur: Bibl. SSGG, Inc. 170a

Provenienzen: Johann Reinhard Freiherr von Metternich (gest. 1637); Karl Heinrich Freiherr von Metternich-Winneburg und Beilstein (1622–1679)

Einband: Lederband auf Holz mit Platten, Rollen und Einzelstempeln, 16./17. Jahrhundert

Die *Chronik der Stadt Köln*, auch *Koelhoffsche Chronik* genannt, ist das erste gedruckte Werk zur Kölner Stadtgeschichte und neben der *Schedelschen Weltchronik* eine der bedeutendsten Chroniken des 15. Jahrhunderts. Die Grundlage für den Text bildeten u. a. die *Reimchronik auf die Stadt Köln* von Gottfried Hagen (1230–1299) aus dem Jahr 1270 und die Stadtchronik *Agrippina* von Heinrich van Beeck von 1472. Das universalhistorische Werk beginnt mit der Erschaffung der Welt, und seine Berichterstattung reicht bis zum Jahr 1499. Die Chronik enthält zahlreiche Sagen und Legenden, was ihr den Charakter eines Volksbuches verleiht. Enthalten ist auch ein Kapitel über die Buchdruckerkunst auf zwei Seiten. Das Werk ist im ripuarischen oder nordmittelfränkischen Dialekt verfasst, dem Dialekt der Gegend um Köln. Der Verfasser ist unbekannt, wird aber im Umfeld des Kölner Augustiner-Chorherrenstifts vermutet. Der Drucker Johann Koelhoff der Jüngere (gest. um 1502) übernahm nach dem Tod seines Vaters Johann Koelhoff der Ältere 1493 dessen Offizin, in der er vorher schon mitgearbeitet hatte. Der Druck der Koelhoffschen Chronik brachte ihn in große finanzielle Schwierigkeiten. Sein letzter Druck ist 1502 nachgewiesen. Die Holzschnitte in der vorliegenden Ausgabe sind nicht koloriert. Die Abbildung zeigt das Stadtwappen umrahmt von den frühen Bischöfen der Stadt Köln Matern (313/314), Severin (397), Everigisil (590), Cunibert (627), Anno I. (711/715), Agilolf (746/747) und Heribert (999), in der Mitte über dem Stadtwappen Petrus mit dem Himmelsschlüssel.

Lit.: Geldner, Inkunabeldrucker 1, S. 103; Severin Corsten, Die Kölnische Chronik von 1499, Hamburg 1982; Danielle Buschinger, Die „Cronica van der hilliger Stat van Coellen" oder „Koelhoffsche Chronik", in: Strukturen und Funktionen in Gegenwart und Geschichte. Festschrift für Franz Simmler zum 65. Geburtstag, hg. von Claudia Wich-Reif, Berlin 2007, S. 465–486; Wolfgang Schmitz, Neue Überlegungen zur Autorschaft der Kölnischen Chronik, in: Kontext Buch. Festschrift für Stephan Füssel, hg. von Christoph Reske, Wiesbaden 2020, S. 199–209; Meckelnborg, Inkunabeln, Nr. 164; Geschichtsquellen des deutschen Mittelalters, https://geschichtsquellen.de/werk/1042 [Stand: 1.9.2023]

Die Cronica van der hilliger Stat Coellen.

Sancta Colonia diceris, quia sanguine tincta
Sanctorum, meritis quoq3 stas undiq3 cincta

16 – 1503

Terentius Comico Carmine, Straßburg: Johann Grüninger, 1503 (VD 16, T 361). 156 Bl., 27 x 21,5 cm. Signatur: GymBibKO 1997 SOM

Einband: Pappband des 18./19. Jahrhunderts

Der Buchdrucker Johannes Grüninger wurde um 1455 in Markgröningen geboren und arbeitete zuerst in Venedig und Basel. Ab 1482 war er Straßburger Bürger, wo seine Offizin bis zu seinem Tod im Jahre 1531 bestand. Nachdem er 1496 eine illustrierte Ausgabe der Komödien des lateinischen Dichters Publius Terentius Afer verlegt hatte, folgten 1499 ein Nachdruck und im gleichen Jahr eine deutsche Ausgabe. 1498 produzierte er Werkausgaben von Quintus Horatius Flaccus und Publius Vergilius Maro. Das vorliegende Exemplar weist starke Nutzungsspuren auf und ist ein 1503 erschienener Nachdruck der lateinischen Ausgaben. Der Titelholzschnitt zeigt ein Theatrum in gotischer Architektur mit zwei Zuschauerrängen und der Bühne mit Schauspielern. Jede der sechs Komödien wird mit einem blattgroßen Holzschnitt eingeleitet, der die Personen und ihre Beziehungen sowie die Orte der Handlung aufzeigt. Der Komödientext selbst ist mit großem Zeilenabstand gesetzt, so dass der Nutzer Notizen anbringen konnte, und wird vom Kommentar in kleinerer Type umrahmt. Buchstaben stellen die Verbindung zwischen dem Grundtext und dem Kommentar her, der auf den spätantiken Grammatiker und Rhetoriker Aelius Donatus (um 310–380) zurückgeht, Lehrer des Kirchenvaters Hieronymus. Jede Szene wird zusätzlich von einem längsrechteckigen Holzschnitt eingeleitet, der die in ihr auftretenden Personen zeigt. Es handelt sich allerdings nicht um einen Holzblock, sondern in der Regel um fünf kleinere Blöcke in genormter Größe, die Figuren, Gebäude und auch Pflanzen darstellen. Sie wurden je nach Bedarf neu kombiniert; deutlich sind die Übergänge zwischen den einzelnen Blöcken zu sehen. Die Grüningerschen Terentius-Ausgaben waren nicht die ersten illustrierten Fassungen; so erschien bereits 1493 in Lyon ein Druck mit 157 Holzschnitten. Die Straßburger Fassung zeigt jedoch deutlich mehr Eleganz und Bewegung.

Lit.: Horst Kunze, Geschichte der Buchillustration in Deutschland. Das 15. Jahrhundert, Textband, Leipzig 1975, S. 218–221; Reske, Buchdrucker, S. 871 f.; Pauly 3, Sp. 775

Terentius Comico Carmine

THEATRVM

17 – 1511

Das buch Granatapfel. im latin genant Malogranatus. helt in im gar vil und manig haylsam und süsser underweysung und leer [...] Und von siben schwertern/ und schayden/ nach gaistlicher außlegung. Meerers tails gepredigt durch den hochgeleerten doctor Johannem Gayler von Kaysersperg etc., Straßburg: Johann Knobloch d. Ä., 1511 (VD 16, G 721). 163 Bl., 32,3 x 22 cm. Signatur: GymBibKO 7424 SOM

Provenienz: S. J. Hammer (?)

Einband: Dunkler Halblederband mit Streicheisenlinien und Einzelstempeln, zwei Schließen. Werkstatt Köln, Löwe Vierpass I (EDBD w002532)

Johannes Geiler wurde 1445 in Schaffhausen geboren. Der Vater arbeitete ab 1446 als Stadtschreiber in Ammerschwihr, starb aber bereits 1449. Der Sohn wurde danach vom Großvater im elsässischen Kaysersberg erzogen. 1460 immatrikulierte sich Geiler an der Universität Freiburg und wechselte 1471 nach Basel. Hier promovierte er 1475 in Theologie und erhielt im Folgejahr einen Lehrstuhl in diesem Fach. Seine universitäre Karriere gab er wenig später auf und übernahm 1479 eine Prädikatur in Straßburg. Bis zu seinem Tod 1510 predigte er am Münster, an anderen Straßburger Kirchen und in Frauenklöstern der Stadt. Auf der Basis einer breiten theologischen Bildung integrierte er in seine volkssprachigen Predigten und Predigtzyklen Sprichwörter und Fabeln sowie Beobachtungen aus dem Alltag der Bewohner Straßburgs. Der kirchenreformerisch orientierte Geiler hatte großen Einfluss auf den oberrheinischen Humanistenkreis der Zeit und trug sich mit der Idee, sich unter anderem mit Jakob Wimpfeling (Nr. 19) in ein eremitisches Leben zurückzuziehen. Obwohl seine Predigten tatsächlich zu Reformen in Straßburg unter anderem im Bereich des Fürsorgewesens führten, sah er am Ende seines Lebens seine Bemühungen als gescheitert an. Geiler veröffentlichte einen Teil seiner Werke zu Lebzeiten selbst. Andere Texte wurden postum aus dem Nachlass von verschiedenen Herausgebern verantwortet oder gehen, insbesondere volkssprachige Predigten, auf Nachschriften von Zuhörern zurück. Dieser ein Jahr nach dem Tod Geilers erschienene Druck mit dem Titel *Das buch Granatapfel* vereinigt verschiedene, teils auf Allegorien aufbauende Predigten. Dazu gehören auch die *siben gaistlichen schwerter* [...], die die *siben hauptsünd* bezeichnen, mit denen der *böß veind der teüfel* die Seelen der Menschen verwunden und töten will. Der Titelholzschnitt zeigt die von sieben teuflischen Figuren gehaltenen, entsprechend beschrifteten Schwerter.

Lit.: Die deutsche Literatur des Mittelalters 2, Berlin/New York 1980, Sp. 1141–1152, bes. Sp. 1147

¶Est duplex gladius/malignus et benignus. Psalmista/De gladio maligno/id est de potestate diaboli/et peccatorū/quibᵘ tanquā gladijs eterne mortis vulneramur/eri pe nos. De benigno gladio ait Apostolus. Sumentes gladiū spūs/qd est verbū dei. Verbum dei appellatur gladius spūs/qꝛ spiritusſctūs illud fabricauit.ij. petri.j. Spiritu ſctō inspirati/locuti sunt sctī dei. Scdo qꝛ ſpūales hostes interficit. Esaie.xj. Spiritu labioꝝ suoꝛū interficit impiū. Tertio quia spiritū a charitate diuidit. Ad Hebꝛeos.iiij. Viuus est sermo dei/ et efficax/et penetrabilioꝛ omni gladio ancipiti/pertingens vsqꝛ ad diuisionem anime et spiritus.

18 – 1513

Elucidatio fabricae ususque Astrolabii a Ioanne Stoflerino Iustingensi viro Germano: atque totius Spherice doctissimo/ nuper Ingeniose concinnata atque in lucem edita [...], Oppenheim: Jakob Köbel, 1512/13 (VD 16, S 9191). 12, 77 Bl., Bl. LXXVIII fehlt. 29,5 x 21,5 cm. Signatur: GymBibKO P 3 SOM

Einband: Heller Halblederband mit Einzelstempeln, ehemals zwei Schließen

Johannes Stöffler wurde 1452 in Justingen bei Blaubeuren geboren. Schon früh interessierte er sich für Mathematik. Noch während seines 1472 in Ingolstadt beginnenden Studiums wurde er 1473 zum Priester geweiht. 1481 erhielt er die Pfarrei Schelklingen-Justingen und richtete sich hier eine astronomische Werkstatt ein. Im Jahr 1507 übernahm er eine Professur für Mathematik und Astronomie in Tübingen. Stöffler starb 1531 in Blaubeuren wohl an der Pest. Die *Elucidatio fabricae ususque Astrolabii* beschreibt den Bau des Astrolabiums, eines scheibenförmigen astronomischen Rechen- und Messinstruments. In 58 weiteren Kapiteln des reich illustrierten Werks werden die astronomischen Aufgaben abgehandelt, die mit diesem Instrument gelöst werden können. Ein Anhang handelt Berechnungen der Höhen-, Tiefen- und planimetrischen Messung ab. Der Druck erschien als Erstausgabe 1513 bei Jakob Köbel, der um 1462 in Heidelberg geboren wurde und 1494 nach Oppenheim wechselte. Er gehörte zu den humanistischen Kreisen der Zeit und produzierte 1497 seinen ersten Druck in dieser Stadt, wo er 1533 starb. Einer der inhaltlichen Schwerpunkte seiner Offizin war die Produktion von mathematischen und geometrischen Schriften. Am Anfang der *Elucidatio* steht ein Briefwechsel zwischen Köbel und Stöffler, in dem der Drucker die vielen Fehler in diesem Druck bedauert. Weitere empfehlende Beiträge in Form von Widmungsgedichten lassen die humanistischen Kreise erkennen, in denen sich Stöffler bewegte. Dazu gehörten der Jurist und Pädagoge Georg Simler (um 1474–1535), Juraprofessor an der Universität Tübingen, und Philipp Melanchthon, von 1512 bis 1518 Schüler von Stöffler.

Lit.: Deutscher Humanismus 1480–1520 2, Sp. 911–919, S. 1004–1021; Reske, Buchdrucker, S. 761 f.

ELVCIDATIO FA/ BRICAE VSVSQ; ASTROLABII·A

Ioanne Stofflerino Iustingensi viro Germano: atq̃ totius Spherice doctissimo/
nuper Ingeniose cocinna-
ta atq̃ in lucem
edita.

AD LECTOREM
P·G·

Qvicquid Athlas Afris: quicq̃d Thracēsibꝰ Orpheꝰ.
Quicquid apud Thebas creditur esse Linus
Aegipto quicquid Vulcanus: quicquid vbiq̃
Aut Chaldeorum sunt monumēta virum
Quicquid apud Gallos Druides q̃cquid Zoroastes
Quicquid Persarum Gymnosophista fuit
Omnia (Crede) Stofler Germanus origine Sueuus
Hic habet: exacto quæ premit ære Cōbel.

Impressum Oppenheym. Anno ⁊c. 1513.

19 – 1514

Christiani Druthmari Grammatici. Expositio in Matheum evangelistam […], Straßburg: Johann Grüninger, 1514 (VD 16, B 4883). 102 Bl. Beibände: Tractatus De Libertate Ecclesiastica Adversus Bohemorum suorumque complicum errores: Juris Naturalis et Divini pariterque Humani fulcimento recenter et magistraliter editus, [Straßburg: Johann Knobloch d. Ä., um 1506] (VD 16, T 1789). 12 Bl.; Opera complura Sancti Hylarii Episcopi hac serie coimpressa. De trinitate contra Arrianos Lib. XII. […], Paris: Jodocus Badius Ascensius, 1510. 260 Bl.; Theophylacti Archiepiscopi Bulgariae, in omnes divi Pauli Epistolas Enarrationes, divinae prorsus […] Christophoro Porsena Rhomano Interprete […], Köln: Peter Quentel, 1531 (VD 16, B 5001). 175 Bl., 28,5 x 22 cm. Signatur: GymBibKO 8840 SOM

Provenienzen: Jakob Wimpfeling; Lambertus Pascualis; Koblenz, Kartause

Einband: Dunkler Lederband der Kartause Koblenz

Der Sammelband mit vier Drucken aus den Jahren 1506 bis 1531 zeigt heute einen stark beriebenen dunklen Ledereinband, wie er für die Koblenzer Kartause St. Beatusberg typisch ist. Den Anfang bildet eine Ausgabe des Kommentars von Christianus Stabulensis aus dem 9. Jahrhundert zum Matthäusevangelium. Herausgeber dieser 1514 von Johann Grüninger in Straßburg hergestellten Ausgabe war Jakob Wimpfeling aus Schlettstadt, Humanist und Kirchenreformer (1450–1528). Mit der Verbreitung dieses Evangelienkommentars wollte er zur Bildung der Geistlichkeit beitragen. Der Druck selbst ist Balthasar Gerhard gewidmet, Komtur des Johanniterklosters in Straßburg und Teil des Gelehrtennetzwerkes von Wimpfeling. Den vorliegenden Band schenkte er mit einem eigenhändigen Widmungsvermerk noch im Erscheinungsjahr 1514 an die Straßburger Kartause und im Besonderen dem dortigen Mönch Lambertus Pascualis. Er stammte aus Moers, studierte an der Universität Köln und amtierte 1509/1510 als Prior des Kartäuserklosters seiner Heimatstadt. Von 1522 bis 1544 war er Prior des Koblenzer Kartäuserklosters. Die handschriftliche Widmung zeigt, dass er 1514 in der Straßburger Niederlassung dieses Ordens lebte. 1540 sollte er hier das Priorenamt übernehmen, wogegen sich aber die Stadt Straßburg wehrte, die dieses Kloster de facto säkularisiert hatte. Unter den Büchern aus der Koblenzer Kartause in der historischen Bibliothek der *Stiftung Staatliches Görres-Gymnasium* und im entsprechenden Bestand der Stadtbibliothek Koblenz finden sich viele Bücher aus seinem Besitz.

Lit.: Schlechter, Widmungsexemplare, S. 143–153

Christiani Druthmari Gramatici.

Expositio in Matheū euangelistam
Familiari ꞇ luculenta: ꞇ lectu iucunda
Cū epithomatib' in Lucam ꞇ Joannē.

Epistola San. Martini episcopi ad Mironē regem.

EX BVLLA LEONIS PAPE
decimi, Sup̄ reformatione ecclesie.

Et cū omis etas ab adolescentia prona sit ad malū: ꞇ a teneris assuefieri ad
bonū/magni sit operis ꞇ effectus. Statuimus ꞇ ordinamus, vt magistri
scolarū/ꞇ p̄ceptores/pueros siue adolescētes nedū ī Gramatica ꞇ Re
thorica/ac cetery hmōi erudire ꞇ instruere debeāt: verūetiā docere
teneāt̄ que ad religionē ptinēt: vt sunt p̄cepta diuina. Articli
fidei/sacri hymni ꞇ psalmi/ac sctōry vite: diebusq̄ festiuis
nihil aliō eos docere possint: q̄ in reb₃ ad religionē ꞇ bo
nos mores ptinētib₃. Eosq̄ in illis instruere/hortari ꞇ
cogere inquātū pn̄t teneāt: vt nedū ad missa₃ s₃ etiā
ad vespas/diuinaq̄ offitia audiēda ad ecc̄lias acce
dāt: ꞇ sil̄r ad predicationes ꞇ sermones audien
dos impellant: nihilq̄ cōtra bonos mores
aut quod ad impietatem inducat/
eis legere possint.

Cum Priuilegio

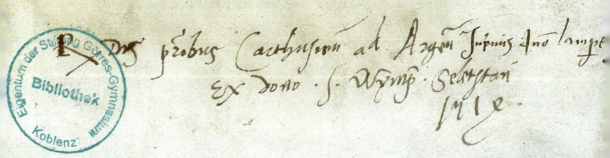

20 – 1521

**Opus insigne beati patris Cyrilli patriarche Alexandrini in evangelium Ioannis: a Georgio Trapezontio traductum/ & secunda emissione exacte recognitum […], Paris: Wolfgang Hopyl, 1521. 263 Bl. Beibände: Eximii patris Cyrilli Alexandrini/ commentarii in Leviticum: sexdecim libris digesti […], Paris: Wolfgang Hopyl, 1514. 64 Bl.; Preclarum opus Cyrilli Alexandrini: qui Thesaurus nuncupatur/ quatuordecim libros complectens: et de consubstantialitate filii & spiritus sancti cum deo patre/ contra hereticos […], Paris: Wolfgang Hopyl, 1514. 88 Bl., 30 x 22 cm.
Signatur: GymBibKO 7290 SOM**

Provenienzen: Ulrich von Hutten; Martin Bucer; Johann Andreas Coppenstein; Koblenz, Dominikaner

Einband: Heller Halblederband aus der nicht lokalisierten Werkstatt EDBD w002192

Der Sammelband vereinigt drei Drucke mit Werken von Cyrillus Alexandrinus (um 380–444), Erzbischof von Alexandrien, unter anderem seinen Kommentar zum Johannesevangelium und zum Buch Leviticus. Erschienen sind diese Schriften 1521 beziehungsweise 1514 bei Wolfgang Hopyl in Paris. Der erste Druck zeigt eine handschriftliche, auf 1521 datierte Widmung von Ulrich von Hutten an Martin Bucer. Der 1488 auf Burg Steckelberg bei Schlüchtern geborene Ritter verfolgte den Gedanken der Reichsreform und bekämpfte die sich gegen das Reich richtenden Tendenzen der Landesfürsten, aber auch die römisch-katholische Kirche in erster Linie auf publizistischem Weg. Enge Berührungen gab es zu dem 1481 auf der Ebernburg bei Bad Kreuznach geborenen Ritter Franz von Sickingen, wie Hutten ein Förderer der Reformation. Von September 1520 bis Mai 1521 hielt sich Hutten auf der Ebernburg auf. Martin Bucer, den späteren Reformator Straßburgs, lernte Hutten im November 1520 in dieser Stadt kennen. Am 2. Dezember 1520 schickte Hutten Kirchenväterausgaben, unter anderem Werke von Cyrillus Alexandrinus, an Bucer, der zu dieser Zeit noch als Dominikaner in Heidelberg lebte, aber den Orden verlassen wollte. Im März und April 1521 fand Bucer ebenfalls auf der Ebernburg Zuflucht und arbeitete als Huttens Sekretär. In dieser Zeit wird er den Sammelband als Geschenk erhalten haben. Der nächste nachweisbare Besitzer ist der katholische Kontroverstheologe und Dominikaner Johann Andreas Coppenstein, der 1638 in seinem Koblenzer Heimatkonvent starb. Von 1624 bis 1630 hatte er in Heidelberg als Pfarrer an der Peterskirche als Gegenreformator gewirkt.

Lit.: Schlechter, Widmungsexemplare, S. 153–163

Dono Vlrichi de Hutten equitis literis, animo & genere
clariss. M.D.XXI.

Opus insi=
gne beati patris
Cyrilli patriarche Alexã=
drini in euangeliũ Ioannis: a
Georgio Trapezõtio tra=
ductũ / & secunda
emissione exa=
cte reco=
gnitũ.

Hec secũda
editio cõmenta=
riorũ Cyrilli in Ioannẽ:
multa habet adiecta ultra
eorũ primã emissionẽ / psertim
in quatuor libris interme=
diis: ad eosdẽ cõmen
tarios super=
additis.

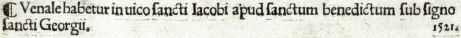

⸿ Venale habetur in uico sancti Iacobi apud sanctum benedictum sub signo
sancti Georgii.   1521.

Martino Bucero

21 – 1526

Ruperti abbatis monasterii Tuitiensis ordinis s. Benedicti theologi antiqui, Opera duo […] In Matthaeum […] De glorificatione trinitatis et processione spiritus sancti […], Köln: Peter Quentel/Franz Birckmann, 1526 (VD 16, R 3796). 4 Bl., 200 S., 8 Bl. Beiband: Ruperti abbatis monasterii Tuitiensis, ordinis sancti Benedicti […] in Cantica Canticorum de incarnatione domini […], Köln: Franz Birckmann, 1526 (VD 16, B 3702). 4 Bl., 79 S., 32,3 x 21,5 cm. Signatur: GymBibKO 7271 SOM

Provenienzen: Lambertus Aquensis, 1585; Koblenz, Franziskaner-Rekollekten

Einband: Dunkler Lederband mit Streicheisenlinien und Rollen (Vasen), ehemals zwei Schließen, vier Eckbeschläge und fünf Buckel aus Holz pro Deckel, handschriftliches Titelschild, ehemals Liber catenatus

Rupert von Deutz wurde um 1075/80 im Raum Lüttich geboren. 1113 ist er als Mönch im Benediktinerkloster Siegburg nachweisbar, und Ende 1120 wurde er Abt des Deutzer Marien- und Heribertsklosters, wo er um 1129/30 starb. In dieser Zeit entstand ein großes theologisches Werk, unter anderem von 1125 bis 1127 sein Matthäus-Kommentar. Beeinflusst wurde Rupert theologiegeschichtlich durch die Schule von Chartres. Seine Schriften fanden im 12. und 13. Jahrhundert im deutschsprachigen Raum große Verbreitung. Der Titelholzschnitt zeigt Rupert mit Halo beim Schreiben eines Buches, wobei ihm das Tintenfass von einem Engel gehalten wird. Herausgeber des ersten Drucks des Bandes war der Humanist und Theologe Johannes Cochlaeus (1479–1552). 1510 wurde er Rektor an der Pfarrschule bei St. Lorenz in Nürnberg, wo er einem humanistischen Kreis um Albrecht Dürer und Willibald Pirckheimer angehörte. Bei einem Studienaufenthalt in Ferrara lernte er Ulrich von Hutten (Nr. 20) kennen. Nach anfänglichen Sympathien entwickelte sich Cochlaeus ab 1520 zum erbitterten Luthergegner. Dieses Exemplar stammt aus dem Besitz der Franziskaner-Rekollekten in Koblenz. Ihre Niederlassung wird 1236 erstmals urkundlich erwähnt. 1451 schlossen sich die Mönche des Klosters der strengen Observanz an und wurden Rekollekten. Den von 1693 bis 1696 neuerbauten Konvent säkularisierte die französische Regierung im Jahre 1802. Aus dem Kloster haben sich in der Bibliothek der *Stiftung Staatliches Görres-Gymnasium* etwa 420 Bände erhalten. Sie zeichnen sich in vielen Fällen durch eine vergleichsweise altertümliche, solide Gestaltung aus. Ein Metallstift am Hinterdeckel lässt erkennen, dass dieser Band einst Teil einer Kettenbibliothek gewesen ist.

Lit.: Biographisch-bibliographisches Kirchenlexikon 8, Sp. 1021–1031; Deutscher Humanismus 1480–1520 1, Sp. 439–460; Hendricks, Bibliothek, S. 138; Pauly, Kirche, S. 223 f.

RVPERTI AB
BATIS MONASTERII
TVITIENSIS ORDINIS S. BENEDICTI THE
ologi antiqui, Opera duo, ut egregia sanè, ita diu desiderata, multoq́;
labore perquisita, ac sumptu haud ita modico excusa.

IN MATTHAEVM
De gloria & honore filij hominis LIBRI XIII.

DE GLORIFICATI-
one Trinitatis & processione spiritus sancti LIBRI IX.

¶ Apud foelicem Coloniam Anno salutis.
M. D. XXVI. Aeditio prima.

22 – 1531

D. Gregorii Nazianzeni Orationes XXX, Bilibaldo Pirckheimero interprete, nunc primum editae, quarum catalogum, cum aliis quibusdam, post epistolam Des. Erasmi Roter. videbis, Basel: Hieronymus Froben d. Ä./Nikolaus Episcopius d. Ä., 1531 (VD 16, G 3082). 4 Bl., 430 S. Beiband: Ioannis Reuchlin Phorcensis LL. Doc. De arte Cabalistica libri tres Leoni X. dicati, Hagenau: Thomas Anshelm, 1517 (VD 16, R 1235). 4, 80 Bl., 32,2 x 22 cm. Signatur: GymBibKO 7728 SOM

Provenienz: Ottheinrich von der Pfalz, 1549; Koblenz, Dominikaner

Einband: Dunkler, stark beriebener Lederband mit blinder Rolle Auferstehung – David – Paulus (Haebler II,71,1) sowie Wappensupralibros mit Monogrammen M.D.Z. und O.H.P. von Ottheinrich von Pfalz-Neuburg (vgl. Schlechter, Von Ottheinrich zu Carl Theodor, Farbtafel 6), datiert 1549

Ottheinrich von Pfalz-Neuburg wurde 1502 in Amberg geboren. 1522 konnte er mit Erreichen der Volljährigkeit zusammen mit seinem Bruder die Regierung in Neuburg übernehmen. Nachdem er 1542 zur Reformation übergetreten war, musste er zwei Jahre später sein Fürstentum wegen massiver Überschuldung verlassen. In den folgenden Jahren lebte er in Heidelberg und Weinheim, bis er von 1556 bis 1559 die Regierung der Kurpfalz übernehmen konnte. Hier handelt es sich um einen frühen Ottheinrich-Einband. Während die klassische Form vorne ein Porträtsupralibros von Ottheinrich und hinten sein Wappensupralibros zeigt, liegt hier eine noch schlichte Ausführung aus dem Jahr 1549 vor. Das Wappensupralibros ziert den Vorderdeckel, während auf dem Hinterdeckel eine Gegenplatte fehlt. Dieser Band wurde nach der Eroberung von Heidelberg im September 1622 offensichtlich nicht zusammen mit der Bibliotheca Palatina nach Rom weggeführt, sondern verblieb am Neckar, wo die im Zuge der Gegenreformation begründeten Niederlassungen der Dominikaner, Franziskaner und Jesuiten mit den vor Ort verbliebenen Büchern ausgestattet wurden. 1649 mussten sie Heidelberg wieder verlassen und nahmen ihre Bibliotheken mit. Da der Band ausweislich des typischen Rückenschildes in das Koblenzer Dominikanerkloster gelangte, könnte ihn auch Johann Andreas Coppenstein an den Rhein mitgenommen haben (Nr. 20). Mit dem Werk *De arte Cabalistica*, hier in der 1517 erschienenen Erstausgabe, ist eine wichtige Schrift des 1455 in Pforzheim geborenen Humanisten, Hebraisten und Juristen Johannes Reuchlin Teil des Sammelbandes. Er versteht hier die jüdische Kabbala als ein Zeugnis für die Wahrheit der christlichen Botschaft und ruft daher zu ihrer Bewahrung auf.

Lit.: Schlechter, Von Ottheinrich zu Carl Theodor, S. 8 f.; Deutscher Humanismus 1480–1520 2, Sp. 579–633, besonders Sp. 626–630

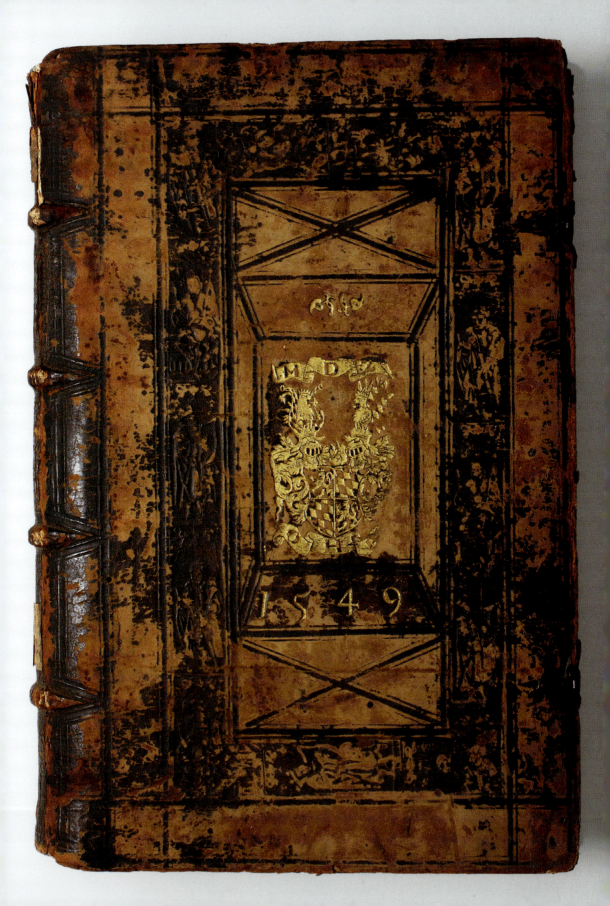

23 – 1532

[Georg Rüxner], Anfang/ ursprung und herkomen des Thurniers inn Teutscher nation. Wievil Thurnier biß uff den letstenn zuo Wormbs: Auch wie unnd an welchen orten die gehalten/ und durch was Fürsten/ Graven/ Herrn/ Ritter und vom Adel/ sie iederzeit besuocht worden sindt [...], Simmern: Hieronymus Rodler, 1532 (VD 16, R 3542). 218 Bl., 33,4 x 22,5 cm. Signatur: GymBibKO 20011 SOM

Provenienz: Familienbibliothek der Grafen von Metternich-Winneburg und Beilstein

Einband: Dunkler Lederband mit Streicheisenlinien, Rollen (Jagdrolle), Einzelstempeln und Platten (hl. Georg und hl. Rochus), vier Verschlussbänder

Die Erstausgabe des *Turnierbuchs* von Georg Rüxner erschien 1530. Über das Leben des Verfassers ist wenig bekannt. Er dürfte um 1460/70 geboren worden sein und stand 1504 vermutlich in Diensten von Kaiser Maximilian I. Zwischen 1524 und 1530 verfasste er eine Genealogie der Herzöge von Mecklenburg; 1525/26 ist er in Nürnberg bezeugt. Nach 1530 fehlen jegliche Lebenszeugnisse. Sein Werk beschreibt den Verlauf von 36 Turnieren in den Jahren 938 bis 1487, von denen die ersten 14 erfunden sind. Dazu gehörte jedes Mal die Auflistung der Teilnehmer teils mit ihren Wappen. Für den Adel der Zeit, der auf den Nachweis einer langen Ahnenreihe angewiesen war, boten die teils fiktiven Nennungen seiner Vorfahren wertvolles Material für seine ständische Legitimierung. Die Erstausgabe des Turnierbuchs und die hier vorliegende zweite Auflage wurden in Simmern gedruckt, der Residenz von Johann II. von Pfalz-Simmern-Sponheim (1492–1557). Er stand dem Humanismus nahe, betätigte sich als Büchersammler, verfasste eine Minneallegorie und übersetzte Literatur aus dem Französischen ins Deutsche. Für die *Cosmographia universalis* von Sebastian Münster steuerte er Angaben zum Hunsrück, zur pfälzischen Geschichte und die Ansicht von Simmern bei. Als Drucker fungierte der aus Bamberg stammende Hieronymus Rodler, Sekretär und Kanzler des Herzogs, und die Offizin stand im Simmerner Rathaus. Von 1530 bis 1536 erschienen hier 17 Drucke in sorgfältiger typographischer Gestaltung und mit vielen Holzschnitten, die der kunstsinnige Herzog teils selbst entworfen haben soll. Das mit einem repräsentativen Einband versehene Buch stammt aus der in Trier von Erzbischof Lothar von Metternich (Nr. 36) begründeten Familienbibliothek der Grafen von Metternich-Winneburg und Beilstein.

Lit.: Reske, Buchdrucker, S. 838f.; Killy Literaturlexikon 6, S. 166 f.; Gerhard Wolf, Adlige Hauschroniken des Mittelalters und der Frühen Neuzeit, in: Gerhard Wolf/Norbert H. Ott (Hg.), Handbuch Chroniken des Mittelalters, Berlin/Boston 2016, S. 414 f.

Eyns Bischoffs von Mentz/vnd anderer Geystlichen Fürsten gezeug.

Zů dem allem schickt eyn Bischoff zů Mentz/eym Römischen Keyser Dreyhůdert pferde/dero Haubtman was/Gerhard Graue zů Hanaw/ Auch schickten andere Bischoff/als Homburg/Paderborn/Oßnabrück/vnd Minnden/eynen schönen zeugk/darüber was Haubtmann/Seyfridt Graue zů Schwartzburg/ vnd bei ime waren Neun ander Grauen/nåmlich:

Friderich Graue zů dem Rietberg/   Wilhelm Graue zů Dieffalden/
Ernst Graue zů Spiegelberg/   Otto Graue zů Aldenburg/
Geörg Graue zů Hoenburg/   Heinrich Graue zů der Hoye/
Seybold Graue zů Ringelen/   Otto Graue zů Arnsperg/
Wilhelm Graue zů Thrumberg.

Eyn Römischer Keyser auch mit den seinen.

Als der löblich Keyser Heinrich vernam/das jm all Fürsten vnd stend im Reich/so willig vnnd gehorsam waren/ward er des hoch erfreudt/vnd dancket Gott seiner gnaden/gebot ernstlich vff in allen seinen Erblannden/damit er nitt mitt seinem volck der letst were/

24 – 1535

Macrobii Ambrosii Aurelii Theodosii viri consulatis & illustris in somnium Scipionis libri II. Eiusdem Saturnaliorum libri VII. ex vetustissimis manuscriptis codicibus recogniti et aucti, Basel: Johannes Herwagen d. Ä., 1535 (VD 16, M 48). 20 Bl., 334 S. Beiband: **Habes lector studiose hoc volumine Alexandri Benedicti veronensis physici praestantissimi, singulis corporum morbis a capite ad pedes, generatim membratimque remedia, causas, eorumque signa [...]**, Venedig: Lucantonio Giunta I., 1533 (CNCE 5157). 527 S., 32 x 23 cm. Signatur: GymBibKO 3993 SOM

Provenienzen: Justinus Gobler; Simon Richwin; Familienbibliothek der Grafen von Metternich-Winneburg und Beilstein

Einband: Dunkler Lederband mit Rollen (Fabeltiere, Vasen), ehemals vier Verschlussbänder

Der Sammelband enthält den Kommentar des spätantiken römischen Philosophen und Grammatikers Ambrosius Theodosius Macrobius zum *Somnium Scipionis*, eine auf die Schrift *De re publica* von Cicero zurückgehende Traumerzählung. Den Beiband bildet eine medizinische Abhandlung des veronesischen Arztes Alessandro Benedetti. Auf dem Titelblatt des ersten Drucks findet sich eine handschriftliche Widmung: *Doctori Simoni Richwino suo Justinus Gobler amicicię ergò D. D.* Aus ihr geht hervor, dass Justinus Gobler den Band an Dr. Simon Richwin geschenkt hat. Justinus Gobler (gest. 1567) stammte aus St. Goar am Rhein. Er studierte Rechtswissenschaften unter Förderung der Erzbischöfe von Trier. 1535 amtierte er als Stadtschreiber von Koblenz; im Folgejahr wechselte er nach Trier. Ab 1539 wirkte er als Rat und Kanzler in Minden und Münster. Aus dem Jahr 1528 hat sich ein Brief Goblers an Erasmus von Rotterdam erhalten. Simon Richwin (Reichwein, Riquinus) stammte aus Montabaur und wurde um 1502 geboren. Er studierte an der Universität Köln, übernahm 1525 die Leitung einer Schule im brabantischen Diest und wechselte 1628 nach Löwen, wo er möglicherweise seine medizinischen Studien fortsetzte. Ab 1533 lebte Richwin in Trier, wo er als Leibarzt zweier Erzbischöfe nachweisbar ist. Sein Kontakt zu Erasmus von Rotterdam war enger als der von Gobler, und Richwin besuchte ihn möglicherweise 1528 in Basel. Bemerkenswert ist weiter sein Beitrag zur *Cosmographia universalis* von Sebastian Münster, Humanist, Hebraist und Kosmograph (Nr. 23). Für ihn fertigte er Abbildungen von Trier und Köln an; weiter zeichnete er eine Karte der Eifel.

Lit.: Contemporaries of Erasmus 2, S. 108 f.; 3, S. 163 f.

MACROBII AMBRO
SII AVRELII THEODOSII VIRI CONSV/
laris & illustris in somnium Scipionis libri II.
Eiusdem Saturnaliorum libri VII. ex uetustissimis
manuscriptis codicibus recogniti & aucti.

IOACH. CAM. LECTORI.

HAEc qui forte uides autoris scripta, uideto
 Quàm quoq́; uulgatis sint meliora prius.
Hæc bona nunc Musis operata dantur ab arte
 Heruagij, quæ iam tot dedit antè tibi.
Quid sed ego memorem correcta, expleta, reposta,
 Quotq́; quibusq́; modis, quotq́; quibusq́; locis?
Pauperis est numerare pecus, simul omnia laudem
 Non aliqua in nostris pars quota rebus habet.
Qui tamen & nostri numerum uult scire laboris,
 Annumeret uersus totius ille libri.

HER VAG.

BASILEAE EX OFFICINA IOAN. HER/
VAGII. ANNO M. D. XXXV.
Cum priuilegio Cæsaris ad quinquennium.

Doctori Simoni Richwino suo
Justinus Gobler amicicię ergò
   D. D.

ex Bibliotheca Comitis Francisci Baronum
à Metternich, Winnenburg, et Beilstein, etc

25 – 1543

Andreae Vesalii Bruxellensis, scholae medicorum Patavinae professoris, de Humani corporis fabrica Libri septem, Basel: Johannes Oporinus, 1543 (VD 16, V 910). 6 Bl., 664 S., 18 Bl. 44 x 29,5 cm. Signatur: GymBibKO P 4 SOM

Provenienzen: Erasmus Flock; Johannes Vianda; Koblenz, Jesuitenkolleg, 1657

Einband: Heller Lederband mit Streicheisenlinien, Einzelstempeln und Rollen (Christus-Salvator, Köpfe)

Andreas Vesalius wurde 1514 in Brüssel als Sohn einer Ärztefamilie geboren, die aus dem niederrheinischen Wesel stammte. Ab 1530 studierte er in Löwen und Paris. Vor allem in Löwen konnte er viele Sektionen durchführen, bei denen er sich kritisch mit der antiken Anatomie und insbesondere mit den Werken von Galen auseinandersetzte. 1537 wechselte er an die Universität Padua, wo er in Medizin promovierte und eine Professur in Anatomie und Chirurgie übernahm. 1543 erschien die Erstausgabe seines Hauptwerks *De Humani corporis fabrica* in Basel, wo der Verfasser den Druck persönlich überwacht hatte. Es handelt sich um einen Meilenstein in der Geschichte der Anatomie, dessen Illustrationen von hohem künstlerischen Wert sind. Vesalius widmete das Werk Kaiser Karl V. und trat 1544 in Brüssel als Leibarzt in dessen Dienste. Später arbeitete er in Madrid für Philipp II. Die zweite Auflage des Werks erschien 1555 ebenfalls in Basel. Vesalius starb 1564 auf dem Rückweg von einer Pilgerreise ins Heilige Land im griechischen Zante. Dieses reich kolorierte Exemplar wurde von dem 1514 in Nürnberg geborenen Erasmus Flock 1545 in seiner Heimatstadt erworben. Hier war er zuvor Schüler des Astronomen, Mathematikers und Kartographen Johannes Schöner und immatrikulierte sich 1533 in Wittenberg. Nachdem er dort 1543 die Professur für Mathematik übernommen hatte, promovierte er 1545 in Medizin und kehrte im gleichen Jahr mit einem Empfehlungsschreiben von Philipp Melanchthon nach Nürnberg zurück, wo er das Amt des Stadtarztes übernahm; hier starb er 1568. Sein im Promotionsjahr erworbenes Exemplar von *De Humani corporis fabrica* ist mit vielen, teils datierten Marginalien versehen, in denen er eigene Beobachtungen dokumentierte. Der Band wurde 1657 dem Koblenzer Jesuitenkolleg geschenkt.

Lit.: Otto Clemen, Kleine Schriften zur Reformationsgeschichte, Bd. 6, Leipzig 1985, S. 297–304; Melanchthons Briefwechsel, Bd. 12: Personen F–K, bearb. von Heinz Scheible unter Mitwirkung von Corinna Schneider, Stuttgart–Bad Cannstatt 2005, S. 72; Neue deutsche Biographie 26, S. 773 f.; Dániel Margócsy/Mark Somos/Stephen N. Joffe, The Fabrica of Andreas Vesalius. A worldwide descriptive census, ownership, and annotations of the 1543 and 1555 editions, Leiden/Boston 2018 (Medieval and early modern philosophy and science 28), S. 165 f. Nr. I/67

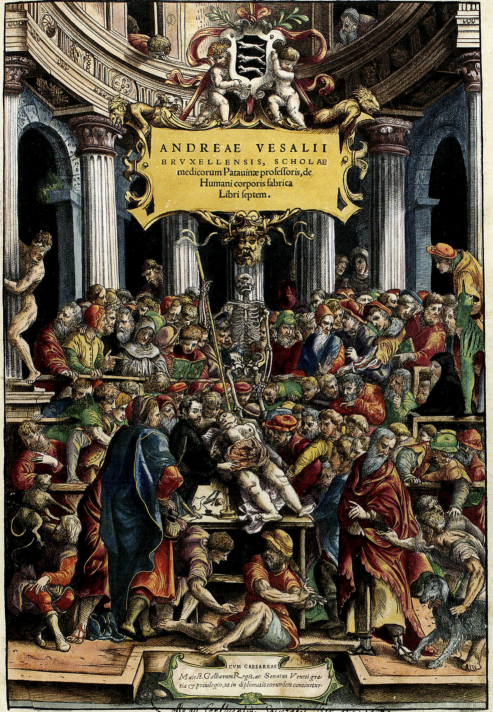

26 – 1547

Missale Trevirense, Koblenz: Eucharius Cervicornus/Marie Schurtz, 1547 (VD 16, M 5635). 11 Bl. (Titelblatt fehlt), Bl. 1-114, 8 Bl. (Pergament), Bl. 115-302, 2 Bl., 37,3 x 25,5 cm. Signatur: GymBibKO 7278 SOM

Einband: Dunkler Lederband mit Leben Jesu-Rolle (Stecher NP, 1556) und Palmettenrolle, zwei Schließen

Nachdem 1516 bei Peter Drach in Speyer ein *Missale Trevirense*, ein lateinisches Messbuch der Diözese Trier, erschienen war, folgte erst 1547 eine neue Ausgabe in Rotschwarzdruck, gemäß dem Druckvermerk in überarbeiteter Form. Bei dem hier vorliegenden Exemplar fehlt das Titelblatt mit dem Holzschnitt, der die Patrone des Trierer Doms sowie das Wappen von Erzbischof Johann IV. Ludwig von Hagen zeigt, in dessen Amtszeit das Missale erschienen ist. Bemerkenswert ist der auf Koblenz weisende Druckvermerk: *Impressum Confluentie in edibus Eucharii Cervicor. Expensis honeste vidue Marie Schurtz/ Bibliopole sancte civitatis Treveren. Ann. Domini Millesimo quingentesimo/ quadragesimo septimo. Mensis Februarii*. Ansonsten nicht nachweisbar ist die hier genannte Witwe und Buchhändlerin Marie Schurtz aus Trier, auf deren Kosten der Druck hergestellt worden ist. Drucker war der wohl in Köln geborene und hier 1513 immatrikulierte Eucharius Cervicornus (Hirtzhorn), der von 1516 bis 1544 tätig war. Er produzierte etwa 350 Titel, vor allem humanistische Literatur sowie theologische Werke. Von 1536 bis 1538 führte er eine Filialdruckerei in Marburg. Dieses im Februar 1547 vollendete *Missale Trevirense* ist der einzige Druck des 16. Jahrhunderts, der in Koblenz entstanden sein soll. Die Forschung geht überwiegend davon aus, dass Cervicornus, der 1544 in Köln seinen letzten Druck hergestellt hat, dieses Missale auch ebendort hergestellt haben wird. Bei vielen Messformularen stehen Trierer Heilige im Vordergrund. Der Einband zeigt eine Leben Jesu-Rolle, die auf 1556 datiert ist und aus der Werkstatt des Stechers Meister NP stammt. Seine Produkte sind vor allem am Niederrhein verbreitet, doch wurden sie auch in Oberdeutschland verwendet.

Lit.: Reske, Buchdrucker, S. 419, S. 430 f.; Andreas Heinz, Die gedruckten liturgischen Bücher der Trierischen Kirche. Ein beschreibendes Verzeichnis mit einer Einführung in die Geschichte der Liturgie im Trierer Land. Professor Dr. Balthasar Fischer zum 85. Geburtstag am 3. September 1997, Trier 1997 (Veröffentlichungen des Bistumsarchivs Trier 32), S. 83–89 Nr. 5; Ilse Schunke, Das Werk des Meisters NP, in: Ilse Schunke, Studien zum Bilderschmuck der deutschen Renaissance-Einbände, Wiesbaden 1959 (Beiträge zum Buch- und Bibliothekswesen 8), S. 88–141, besonders S. 126 Nr. 27

Sequentia Tunice gloriose domini nostri Jesu Christi.

uorum dissolutam fluxum stringens sanguinis.

Tantum ergo Christi veste, morbum carnis atque pestem, mentis auertentem omnes collaudantes veneremur sinceris affectibus.

Ipsa enim extat vestis in quam Christus crucifixus, et ad morte usque lassus vidit sorte iuxta scripta mitti a militibus.

Per quam sancta conseruetur ecclesia, et letes pace freta deo detur deus honor & precetur scismata ne irruant.

Fili dei te laudamus, confitemur, adoramus.

Tunica nam tua dignos nos fecisti sublimandos nunc & in perpetuum Amen.

¶ Explicit Missale secundum ritum diocesis Treuerensi, accuratissime nouiter correctum ac emendatum, cum qplurimis prius non insertis: cumque numero foliorum summa diligentia quotatum.

¶ Impressum Confluentie in edibus Eucharij Ceruicor. Expensis honeste vidue Marie Schurtz Bibliopole sancte ciuitatis Treuerensi. Anno domini Millesimo quingentesimo, quadragesimo septimo. Mensis Februarij.

27 – 1549

**Pedanii Dioscoridis Anazarbei, de Medicinali materia libri sex, Ioanne Ruellio Suessionensi interprete […] Valerii Cordi Simesusii Annotationes […] Euricii Cordi Simesusii Iudicium de herbis & simplicibus medicinae […], Frankfurt am Main: Christian Egenolff d. Ä., 1549 (VD 16, D 2005). 20 Bl., 554 S., 33,3 x 21 cm.
Signatur: GymBibKO 30020 SOM**

Einband: Dunkler Lederband mit Streicheisenlinien, Einzelstempeln und Rollen (Tugenden u. Halbfiguren), zwei Verschlussbänder

Pedanius Dioscurides lebte im 1. Jahrhundert und gilt als berühmtester Arzt der Antike. Mit seinem Hauptwerk, der *Materia medica*, schuf er eine in fünf Bücher thematisch gegliederte Arzneimittellehre, die Vorbildcharakter für spätere Kräuterbücher hatte. Seit dem 5. Jahrhundert lag das Werk in lateinischer Übersetzung und dann auch in illustrierter Form vor. Diese von dem vormals Straßburger, ab 1530 Frankfurter Drucker Christian Egenolff, der sich auf illustrierte Bücher spezialisiert hatte, produzierte lateinische Fassung stellt die einzelnen Arzneimittel im Text und im Holzschnitt vor, in diesem Exemplar in kolorierter Fassung. Auf die griechischen, lateinischen, deutschen und französischen Namen folgen die Beschreibungen und die Aufzählung der Anwendungsmöglichkeiten. Die *Materia medica* wird in dieser Auflage ergänzt um Abhandlungen von Euricius Cordus und seinem Sohn Valerius. Der aus der Marburger Gegend stammende Euricius (1486–1535) studierte ab 1507 und wieder ab 1513 an der Universität Erfurt, wo er zum dortigen Humanistenkreis gehörte. Nach der Promotion in Medizin 1521 in Ferrara wirkte er ab 1523 als Stadtarzt in Braunschweig. 1527 wurde er an die neugegründete Universität Marburg berufen und erhielt hier die erste medizinische Professur. Nachdem er sich zuerst als Epigrammatiker einen Namen gemacht hatte, wirkte er in der Marburger Zeit als medizinischer Fachschriftsteller. Sein vom Vater botanisch-pharmazeutisch unterrichteter Sohn Valerius (1515–1544) studierte in Marburg und Leipzig und hielt ab 1539 an der Universität Wittenberg Vorlesungen über die *Materia medica* des Dioscurides. Zur Weiterbildung unternahm er Exkursionen und Forschungsreisen. Seine letzte Unternehmung dieser Art führte ihn im Herbst 1543 nach Rom, wo er im Folgejahr starb.

Lit.: Killy 2, S. 482–484; Pauly 9, Sp. 462–465; Reske, Buchdrucker, S. 224–226

DIOSCORIDIS

Mala Cydonia. *Mala.* *Melimela.* *Epirotica.*

misera, alijs deciduis, alijs subnascentibus. malum oblongum est, rugosum, colore aurum imitans, cum grauitate odoratum. semen habet pyri. Id in uino potum uenenis resistit. aluum mouet. oris suauitatem commendat, decocto eius colluto, aut succo. estur in malacia mulieribus. uestiarijs impositum ab erosionis uitio uestes uindicare existimatur.

NOMINA ET EXPLICATIO.

Græcis, Μηλέα arbor, fructus μῆλον. Latinis, Malus, Malum.
Germanis, ein Zpffelbaum/ein Zpffel. Gallis, une pome, & ung pomier dicitur.
Malorum, sicut & pyrorum, infinita sunt genera, quorum copiosè meminit Plinius lib. 15.
Mala cydonia, quæ & cotonea dicuntur, mala sunt ex Creta insula ducta, à cuius ciuitate Cydone dicta sunt Cydonia. Q. Serenus: Aut quæ poma Cydon Cretensis mittit ab oris. Horum plura sunt genera. Nam sunt Chrysomela, quæ aurea mala interpretantur, à colore aureo, quem referunt. Sunt deinde minora, & odoratius fragrantia, quæ Struthea nocantur, sunt item quæ à melico sapore Melimela, & eadem à nascendi maturescendig; celeritate uocantur mustea, uulgo uerò ab arborum paruitate, quòd pomilia sunt in quibus nascuntur, Nana appellatur & quæ genera lib. 15. à Plinio describuntur. Fit & uinum, mel & oleum è cydonijs, & con-

LIBER PRIMVS.

& condimentum Cotoneatum, uulgo Quitten Latwerg. Gallis uerò contingnat, appellatum. Cæterùm cotonea cocta suauiora in cibo: Cruda & matura profusò sanguinem exercentibus ac dysentericis, cholericis, cœliacis, ut Dioscorides testatur.

Persica. Persica nota sunt poma, uulgo Pfersich, Gallis de pesches dicta, è Persia ad nos translata, unde nomen habent. Nec unum eorum genus est, è quibus tamen inter alia in precio sunt, à duricie & soliditate dicta duracina, quibus corpus ligno adhæret auellig; nequit, in reliquis facilè separatur. Plinius lib. 15 cap. 12. Persicorum palma duracinis. Nationum habent cognomen Gallica & Asiatica. Post autumnum maturescunt. Æstate præcocia Germanis S. Johans Pfersich. Gallis abricot dicta, intra XXX. annos reperta tempore Plinij, & primò denarijs singula uenundata. Supernatis è Sabinis uenium, popularia undiq;. Pomum innocuum, expetitur ægris, nec aliud fugacius: longissimè enim decerpto bidui mora est, cogit', se uenundari. Paulus Aegineta lib. 1. Persica, inquit, mali succi sunt, acescunt & facilè corrumpuntur, idcoq; in prima mensa sumenda, quo dejiciantur protinus, neq; propter moram in ventriculo corrumpantur. Præcotiua uerò & rhodacina & Armenia, persicis meliora sunt, neq; enim aceq; cuine, neq; similiter corrumpuntur, ac sunt etiam delectabiliora. Ex quibus illud etiam intelligi potest, quod Celsus lib. 2. tradit. Non quicquid boni succi est, protinus stomacho conuenire; neq; quicquid stomacho conuenit, protinus boni succi esse. Nec illud omittendum, uidelicet. Armeniaca non inter Persica à Palladio & alijs, sed pruna numerari à Plinio & Columella.

Citrum. Citris mala, quæ Dioscorides capite præsenti, Persica quoq; & Medica & Citromala, Plinius Assyria appellari dicit. Quorum uaria sunt genera, magnitudine potius quàm genere differentia, & ijsdem quasi uiribus dotata, odoratissima & uenenis aduersantia, præcipuè quòd priuatim & peculiariter Latinè Citrum. Germanici, Judenapffel/Citrinat. Gallicè ung Citron uocatur, de quo Virgilius intellexit, cum ait:

Felicis malum, quo non præstantius ullum,
Pocula si quando seuæ insecere nouercæ
Miscuerintg; herbis & non inuxia uerba.

Estq; hoc pomum grande, & ut hic Dioscorides illud describit, oblongum, rugosum, colore ad aurum inclinato, cum grauitate odoratum. Habetq; arborem toto anno fœcundam & superfœtantem, id à Palladio etiam in Martio uniuerse traditur, ubi ait: Quod ego in Sardinia, & in territorio Neapolitano in fundis meis comperi (quibus solum & cœlum tepidum est, & humor exundans) per gradus quosdam sibi semper poma succedere cum maturis se acerba substituant, acerborum uerò ætatem florentia consequuntur, orbem quendam continuæ fœcunditatis sibi ministrante natura. Quæ omnes ferè etiam à Plinio

Pomerantzen.

Limonen.

28 – 1553

Außlegunge der Episteln und Evangelien/ auff alle Sontag und fürnembsten Fest/ durchs gantze Jar. Für die jungen Christen Knaben und Megdlein/ in Fragstück verfasset/ Durch J. Spangenberg. Sampt einer Christlichen Vorrede, Nürnberg: Johann VomBerg/UlrichNeuber, 1553 (VD 16, ZV 30240). 130 Bl. Beibände: **Außlegung der Epistel und Evangelien/ Von Ostern biß auffs Advent. Durch Johann Spangenberg/ In Fragstück verfasset**, Nürnberg: Johann VomBerg/UlrichNeuber, 1554 (VD 16, S 7916). 198 Bl.; **Außlegung der Epistel und Evangelien/ von den fürnembsten Festen durchs gantze Jar. Durch Johann Spangenberg**, Nürnberg: Johann VomBerg/UlrichNeuber, 1554 (VD 16, ZV 30241). 118 Bl., 32,7 x 22 cm. Signatur: GymBibKO 7716 SOM

Einband: Dunkler Lederband mit Streicheisenlinien und Rollen (Christus-Salvator, datiert 1536, Köln, I.B., sowie Halbfigurenrolle; Haebler II,304,5). Vier Buckel pro Deckel, vorne vier, hinten zwei Eckbeschläge, ehemals zwei Schließen

Johann Spangenberg wurde 1484 in Hardegsen geboren, besuchte in Göttingen die Schule und immatrikulierte sich im Wintersemester 1508/09 zum Studium der Theologie in Erfurt, wo er Anschluss an den dortigen Humanistenkreis fand und mit Philipp Melanchthon korrespondierte. Ab 1521 amtierte er als Pfarrer in Stolberg im reformatorischen Sinne. 1524 wechselte er nach Nordhausen, wo er die Reformation einführte und 22 Jahre wirkte. Letzte Lebensstation wurde 1546 Eisleben, wo er auf Empfehlung Luthers Generalinspektor der Mansfeldischen Kirchen und hohen Schulen wurde; hier starb er 1550. Spangenberg war ein Förderer des Schulwesens und verfasste Literatur für den Latein- und Musikunterricht. Der erste Druck der drei mit Holzschnitten illustrierten Titel des Sammelbandes wird durch eine Vorrede von Martin Luther eingeleitet, in der er in dieser *bösen schendtlichen zeyt* zu unablässigem Bibelstudium aufrief. Die Erläuterung der Lesungen in der Folge des Kirchenjahres richtet sich an Schüler und Schülerinnen und ist, Spangenbergs pädagogischen Prinzipien entsprechend, in Form von Fragen und Antworten gehalten. Der auf das Jahr 1552 datierte Titelholzschnitt des ersten Buchs, hier in kolorierter Form, zeigt Szenen aus dem Alten und dem Neuen Testament. Alle drei Bücher sind von den Nürnberger Druckern Johann Vom Berg und Ulrich Neuber hergestellt worden, die viele reformatorische Titel produziert haben. Es handelt sich um sehr seltene Ausgaben; der erste und der dritte Titel sind bisher nur in diesem Sammelband aus der Bibliothek der *Stiftung Staatliches Görres-Gymnasium* bekannt. Der mit Buckeln und Eckbeschlägen geschützte Einband entstand möglicherweise in Köln.

Lit.: Frühe Neuzeit in Deutschland 1520–1620 6, Sp. 64–74; Reske, Buchdrucker, S. 676–678, S. 692

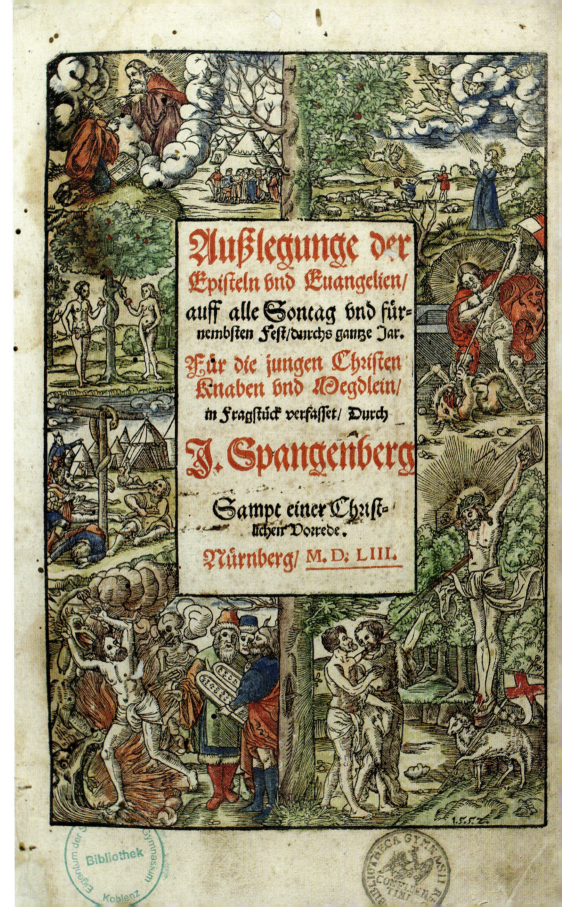

Außlegunge der Episteln vnd Euangelien/ auff alle Sontag vnd fürnembsten Fest/durchs gantze Jar.

Für die jungen Christen Knaben vnd Megdlein/ in Fragstück verfasset/ Durch

J. Spangenberg

Sampt einer Christlichen Vorrede.

Nürnberg/ M.D.LIII.

29 – 1555

L. Annaei Senecae Operum alter tomus, Lyon: Sebastian Gryphius, 1555. 932 S., 22 Bl., 18 x 11,5 cm. Signatur: GymBibKO 1235 SOM

Provenienzen: Quirinus Frentsch; Johannes Petrus Schleid; Beilstein, Karmeliter

Einband: Dunkler, stark beriebener Lederband, restauriert

Das Karmeliterkloster im Moselort Beilstein wurde 1637 begründet, nachdem die Herrschaft Beilstein an das Kurfürstentum Trier gefallen und von diesem als Lehen an die Herren von Metternich vergeben worden war. Mit der Wiedereinführung des katholischen Glaubens in dem zuvor protestantischen Gebiet wurden die Karmeliter betraut, die von 1637 bis 1692 im Ortskern untergebracht waren. 1686 wurde mit dem Bau eines neuen Klostergebäudes auf dem Kamerberg begonnen, der im Dezember 1692 bezogen werden konnte. Im Jahr zuvor war der Grundstein zu einer neuen Kirche gelegt worden, die Mitte des 18. Jahrhunderts fertiggestellt wurde. Hauptaufgabe der Karmeliter war die Seelsorge in Beilstein und den umliegenden Orten. 1794 marschierten französische Revolutionstruppen im Kurfürstentum Trier ein. Nachdem schon 1798 die Aufnahme von Novizen untersagt worden war, wurde im Juni 1802 Beilstein mit allen anderen Klöstern der vier rheinischen Departements aufgehoben. Bei der Inventarisierung der Bibliothek im Jahr 1806 wurden 680 Bände gezählt; der Konvent verfügte damit über eine nur kleine Bibliothek. Auf Anordnung der französischen Besatzungsverwaltung ging sie 1810 an den Vorläufer des heutigen Görres-Gymnasiums; heute sind noch etwa 250 Bände greifbar. Der in Lyon gedruckte zweite Band einer Werkausgabe des römischen Dramatikers und Philosophen Lucius Annaeus Seneca ist in seinem vergleichsweise schlechten Erhaltungszustand typisch für die Bibliothek des Karmeliterklosters. Viele dieser Bände sind zu unterschiedlichen Zeiten als Geschenk nach Beilstein gekommen und zeigen oft Vermerke früherer Besitzer. Am 31. Mai 1635 erwarb den Band Quirinus Frentsch, ab 1620 im Stift St. Kastor in Karden an der Mosel fassbar und dort von 1667 bis 1676 als Kustos tätig. Nach dem Tode Frentschs 1676 ging der Band an Johannes Petrus Schleid, der 1677 als Prior im Augustinnerinnenkloster Stuben belegt ist. Testamentarisch vermachte er das Buch dem Karmeliterkloster Beilstein.

Lit.: Monasticon Carmelitanum, S. 194–199; Pauly 11, Sp. 411–418; Ferdinand Pauly, Das Stift St. Kastor in Karden an der Mosel, Berlin/New York 1986 (Germania Sacra N. F. 19, Bd. 3), S. 373 f.; Carl Schorn, Eiflia Sacra oder Geschichte der Klöster und geistlichen Stiftungen der Eifel, Bd. 2, Bonn 1889, S. 617

L. ANNAEI SENECAE OPERVM ALTER TOMVS.

In quo ea, quæ catalogus paginæ sequentis continet, habentur.

VIRTVTE DVCE, COMITE FORTVNA.

LVGDVNI, APVD SEB. GRYPHIVM, 1555.

30 – 1567

Catechismus Romanus, Ex decreto Concilii Tridentini, ad parochos, Pii Quinti pont. Max. iussu editus, nunc verum primùm in Germania […] recusus. Acceßit Praefatio ampliss. Domini Cardinalis et Episcopi Augustani etc., Dillingen: Sebald Mayer, 1567 (VD 16, K 2052). 4 Bl., 938 S., 29 Bl., 16,5 x 11,5 cm. Signatur: GymBibKO 9011 SOM

Provenienzen: Johann Henrich von Wallbrunn von Ernsthofen; Hans (Johann) Gottfried von Wallbrunn von Ernsthofen; Hartmut XV. der Mittlere von Kronberg

Einband: Dunkler Lederband mit Rahmung der Deckel durch eine Kettenrolle, Monogramm I.H.V.W. und Bindejahr 1567 sowie Wappen der Grafen von Wallbrunn vorne, hinten Platte David kniend nach rechts in Gold, Schnitt punziert, vergoldet und bemalt

Der Druck überliefert einen römischen Katechismus, der auf die Dekrete des von 1545 bis 1563 tagenden Konzils von Trient zurückgeht. Sein wichtigstes Ziel war die Zurückdrängung des Protestantismus. Diese von Papst Pius V. in Auftrag gegebene und zuerst in Rom produzierte Katechismus-Fassung richtete sich in erster Linie an Pfarrer. Bei dem vorliegenden Exemplar handelt es sich um die erste in Deutschland erschienene Ausgabe des Werks, die Otto Truchsess von Waldburg, von 1543 bis 1573 Bischof von Augsburg und seit 1544 Kardinal, veranlasst und mit einem Vorwort versehen hat. Der aktiv gegenreformatorisch agierende und dem Kaiser nahestehende Waldburg errichtete in Dillingen eine Bildungsanstalt in erster Linie für Kleriker, die 1551 zur Universität erhoben wurde. 1549/50 berief er Sebald Mayer aus Ingolstadt als Drucker hierher, um dem Mangel an katholischen Schriften abzuhelfen. Bis 1576 produzierte die Offizin in erster Linie aszetische Literatur, die Dekrete des Konzils von Trient, kontroverstheologische Schriften, aber auch den hier vorliegenden Katechismus-Druck. Da es sich um eine zentrale Bekenntnisschrift des gegenreformatorischen Katholizismus handelt, ließ ihr erster Besitzer den Einband noch im Erscheinungsjahr 1567 besonders prunkvoll gestalten. Hier ist insbesondere der punzierte und vergoldete Schnitt hervorzuheben, der zusätzlich mit geometrischen Mustern und floralen Elementen bemalt wurde. Auf der Basis des Monogramms und des Wappens der Grafen von Wallbrunn auf dem Vorderdeckel lässt sich der Auftraggeber des Einbandes mit dem Mainzer Kanoniker Johann Henrich von Wallbrunn von Ernsthofen (1531–1573) gleichsetzen. Im Todesjahr 1573 fiel der Band an seinen jüngeren Bruder Hans Gottfried von Wallbrunn von Ernsthofen (1547–1614), Kriegsrat bei der Fränkischen Ritterschaft. Letzter nachweisbarer Besitzer ist Hartmut XV. der Mittlere von Kronberg (Nr. 32).

Lit.: Reske, Buchdrucker, S. 154; Gatz, Bischöfe 1448–1648, S. 707–710; Rudolf Kunz, Stammtafel der Herren von Wallbrunn, in: 50 Jahre Hessische familiengeschichtliche Vereinigung e. V. Darmstadt. Festschrift. Mit Beiträgen zur hessen-darmstädtischen Genealogie, Darmstadt 1971, S. 155 f.; Ronner, Herren, S. 969 f.

31 – 1572

Das Sechste Buch. Vom Amadis auß Franckreich/ auch seinen Nachkommen und Sönen/ gantz nützlich von guten lehren/ und lieblich von geschichten zu Lesen/ auß Frantzösischer sprach newlich in Teutsche durch J. F. M. G. gebracht [...], Frankfurt am Main: Peter Schmidt/Hieronymus u. Sigmund Feyerabend, 1572 (VD 16, A 2123). 8 Bl., 762 S., 17 x 11,5 cm. Signatur: GymBibKO 21005 SOM

Provenienz: Familienbibliothek der Grafen von Metternich-Winneburg und Beilstein

Einband: Dunkler Lederband mit Streicheisenlinien, Einzelstempeln (Eckfleurons und Blüte) und ovaler Kartusche, zwei Verschlussbänder

Der *Amadis*-Stoff entstand im 14. Jahrhundert auf der iberischen Halbinsel und wurde im 16. Jahrhundert ins Französische und Italienische übersetzt. Für die Rezeption in Deutschland war die von Nicolas de Herberay des Essars hergestellte französische Fassung entscheidend. Als erster deutscher Verleger veröffentlichte Sigmund Feyerabend ab 1569 den *Amadis*-Stoff in Form einer Ritterroman-Serie in Prosa. Das bis ins frühe 17. Jahrhundert verlegte Werk besteht aus gängigen Erzählmustern in der Tradition des Artusromans, die durch das Motiv der heimlichen Liebe in Gang gesetzt werden. Übersetzer von Buch 6 ist ausweislich des Monogramms der um 1546/46 in Straßburg geborene und 1591 im lothringischen Forbach gestorbene Johann Fischart. Er besuchte die Lateinschule in Worms und studierte unter anderem in Tübingen und Basel, wo er 1574 in Jura promovierte. Ab 1578 wirkte er am Reichskammergericht in Speyer, bis er 1583 als Amtmann nach Forbach wechseln konnte. Der Lutheraner Fischart schrieb etliche Satiren, die sich gegen den Verfall der Sitten, das Papsttum und die Jesuiten richteten. Als Zielpublikum werden auf dem Titelblatt des mit Holzschnitten illustrierten *Amadis* alle *Ehrliebenden vom Adel/ züchtige [...] Frawen und Jungfrawen* angesprochen. In der Vorrede des Verlegers Sigmund Feyerabend erscheint als Ziel der Lektüre nicht nur die *belustigung*, sondern die *löbliche [...] handhabung der Tugendt*. Kirchliche Kreise nahmen in erster Linie an den erotischen und magischen Szenen in den *Amadis*-Romanen, die großen Absatz fanden, sowie an den dort dargestellten oberflächlichen Moralvorstellungen des Adels Anstoß. Der aus dem elsässischen Mühlhausen stammende Peter Schmidt druckte von 1564 bis 1593 in Frankfurt am Main in erster Linie für Sigmund Feyerabend. Dieses Exemplar stammt aus der Familienbibliothek der Grafen von Metternich-Winneburg und Beilstein.

Lit.: Frühe Neuzeit in Deutschland 1, Sp. 118–126, 2, Sp. 358–383, besonders Sp. 370; Reske, Buchdrucker, S. 234 f.

Das Sechste Buch.

Vom Amadis

auß Franckreich / auch seinen Nachkommen vñ Sönen / gantz nützlich von guten Lehren / vnd lieblich von geschichten zu Lesen / auß Französischer sprach newlich in Teutsche durch J. F. M. G. gebracht.

Allen Ehrliebenden vom Adel / züchtigen Frawen vnd Jungfrawen / sehr nützlich vnd kurtzweilig zu lesen.

Mit Röm. Käy. May. Privilegien.
Getruckt zu Franckfurt am Mayn.

Ex bibliotheca domus treverica Baronum à Metternich winnenburg.

32 – 1573

Harengues militaires, et concions de Princes, Capitaines, Embassadeurs, et autres manians tant la guerre que les affaires d'Estat […] Recueillies & faictes Françoyses, par Francoys de Belle-Forest, Comingeois […], Paris: Nicolas Chesneau, 1573.
Signatur: GymBibKO 21006 SOM

Provenienz: Hartmut XV. der Mittlere von Kronberg

Einband: Helles Pergamentkopert mit ehemals zwei grünen Verschlussbändern. Vorne und hinten Rahmen aus doppelten Streicheisenlinien mit mauresken Eckstücken und Staude, Wappensupralibros von Hartmut XIII. der Mittlere von Kronberg, vorne zusätzlich Name und Bindejahr 1573, alles in Gold.

François de Belleforest wurde 1530 in Sarsan in den französischen Pyrenäen geboren. Als Waise war er von der Förderung adliger Gönner abhängig und studierte Rechtswissenschaften in Bordeaux und Toulouse. Nach seiner Übersiedelung nach Paris machte er sich aber in erster Linie als Historiker einen Namen. Sein berühmtestes Werk sind die erstmals 1579 erschienenen, bis Heinrich III. reichenden *Les grandes annales et histoire générale de France*. Daneben veröffentlichte er Gelegenheitsgedichte und betätigte sich als Übersetzer aus dem Lateinischen und aus dem Italienischen. Bei den *Harengues militaires* handelt es sich um in der Antike einsetzende Reden in militärischen Zusammenhängen, die Belleforest ins Französische übersetzte. 1583 starb er in Paris. Innerhalb der Bibliothek der *Stiftung Staatliches Görres-Gymnasium* finden sich einige dieser prunkvollen und repräsentativen Renaissanceeinbände, die mit den Ottheinricheinbänden (Nr. 22) vergleichbar sind, aber im Gegensatz zu diesen auf Holzdeckel als Kern zugunsten eines mit Papier kaschierten Pergamentkoperts verzichten und damit eine modernere Ausprägung darstellen. Auf den Besitzer weisen in Gold das Wappensupralibros mit Inschrift *M.M.M.M. Ex libris Hartmanni natu medii a Cronberg 1573* sowie sein Name und das Bindejahr zusätzlich in zwei rechteckigen, gerahmten Feldern. Hartmann XV. der Mittlere von Kronberg (vor 1550–1609) war von 1578 bis 1608 kurmainzischer Vicedominus in Aschaffenburg. Wahrscheinlich ging seine Büchersammlung ganz oder teilweise an die Familienbibliothek Metternich über.

Lit.: Bronner, Kronberg, S. 71–73.; Dictionnaire de biographie française, Bd. 5, Paris 1951, Sp. 1327 f.

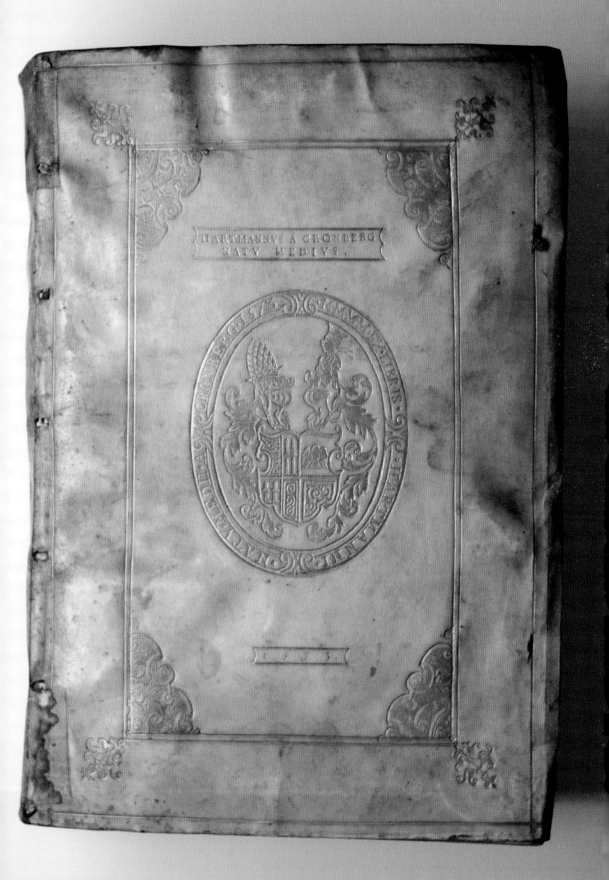

33 – 1573

[Abraham Ortelius], Theatrum orbis terrarum. Opus nunc denuò ab ipso auctore recognitum, multisquè locis castigatum, & quamplurimis novis Tabulis atquè Commentariis auctum, Antwerpen: Antonius Coppens von Diest, 1573. 10 Bl., 70 Doppelbl., 48 Bl., 44,3 x 31,8 cm. Signatur: GymBibKO P 1 SOM

Einband: Brauner Lederband mit Streicheisenlinien und ornamentalen Eckstücken, mittig jeweils rhombische Kartusche mit Stempeldruck THEA/TRVM OR/BIS TER/RARVM

Abraham Ortelius wurde 1527 in Antwerpen geboren und lässt sich erstmals 1558 als Kartenzeichner oder -illuminator fassen; weiter handelte er mit Landkarten und Büchern. Er war katholisch, stand aber auch mit protestantischen Kreisen in Kontakt. Neben drei Reisen nach Italien besuchte er Frankreich, England und Irland. Ortelius baute große Sammlungen an Büchern, Münzen und Antiquitäten, aber auch an Naturalien auf, die nach seinem Tod 1598 in Antwerpen als *Museum Ortelianum* weiterbestanden. Der als *Theatrum orbis terrarum* betitelte Weltatlas war die Frucht der Arbeit von Jahrzehnten und die erste Kartensammlung dieser Art in einem vergleichsweise handlichen Format. Die 1570 in Antwerpen erschienene lateinische Erstausgabe bestand aus 53 doppelblattgroßen Karten, die alle von dem Kupferstecher und Radierer Frans Hogenberg neu gestochen worden waren. Nach den das Werk einleitenden Vorreden finden sich Quellenangaben älterer kartographischer Arbeiten vor allem des 16. Jahrhunderts. Den Band beschließt ein ausführliches Register. Nach der Erstausgabe erschienen noch im gleichen Jahr vier Auflagen. Ortelius setzte dieses Projekt, das ein großer wirtschaftlicher und wissenschaftlicher Erfolg wurde, bis an sein Lebensende fort. Zusammen erschienen 30 Ausgaben in verschiedenen Sprachen, bei denen als Additamenta immer wieder neue Karten hinzugefügt worden sind. Anfang des 17. Jahrhunderts galt der nun auf 128 Karten im Hauptteil und 38 Nachträge angewachsene Atlas als überholt. Jede der 70 doppelblattgroßen Karten der Ausgabe von 1573 leitet eine kurze Beschreibung auf der ersten Seite ein. Karte 17 ist *Germania* gewidmet, das als größtes Land in Europa gelobt wird und weder Italien, Gallien noch Spanien nachstehe. Es schließt sich ein bibliographischer Überblick über die wichtigsten Autoren an, die über Deutschland geschrieben haben, unter ihnen der Kosmograph Sebastian Münster (Nr. 23 u. 24). Im Verlauf des Rheins ist auf diesem kolorierten Blatt die Stadt Cobelents zu erkennen.

Lit.: Peter H. Meurer, Fontes Cartographici Orteliani. Das „Theatrum Orbis Terrarum" von Abraham Ortelius und seine Kartenquellen, Weinheim 1991

34 – 1594

**Americae pars quarta. Sive insignis & admiranda historia de reperta primùm Occidentali India à Christophoro Columbo Anna M.CCCCXCII Scripta ab Hieronymo Bezono Mediolanense […], Frankfurt am Main: Johann Feyerabend/Theodor de Bry, 1594 (VD 16, B 1751). 4 Bl., 146 S., 2 + 24 Bl. Mit Beibänden, 36,3 x 26,5 cm.
Signatur: GymBibKO 20650 SOM**

Provenienz: Lothar von Metternich

Einband: Dunkler Lederband mit Streicheisenlinien, Blütenstauden und floralen Rollen, mittig ovale Kartusche, alles in Rauschel. Bemalter und punzierter Goldschnitt, ehemals zwei grüne Verschlussbänder

Gerolamo Benzoni wurde 1519 in Mailand geboren. Nach Reisen durch Spanien, Frankreich und Deutschland brach er 1541 über Sevilla in die Neue Welt auf, wo er unter anderem Haiti und Kuba, Costa Rica, Panama, Guatemala, Peru und Nicaragua bereiste. Erst 1556 machte er sich auf den Rückweg und kehrte über Sevilla und Genua nach Mailand zurück. Frucht seiner Reisen war die 1565 in erster und 1572 in zweiter Auflage in Venedig publizierte *Historia del mondo nuovo*, die bei der Entdeckung Amerikas durch Cristofero Columbo ihren Anfang nimmt. Das hier vorliegende Exemplar umfasst vier von 1594 bis 1599 erschienene Teilbände mit Beschreibungen Amerikas von Benzoni und von anderen Autoren, die Theodor de Bry in Frankfurt am Main produzierte. Er wurde um 1528 in Lüttich geboren, war Goldschmied und arbeitete als Kupferstecher. Um 1560 ließ sich de Bry in Straßburg nieder, verließ diese Stadt aber 1577, als den Calvinisten die Religionsausübung untersagt wurde. Nach einem Intermezzo in Antwerpen und London beantragte er 1588 das Bürgerrecht in Frankfurt am Main, das ihm 1591 erteilt wurde; hier starb er im Mai 1598. Als Autor, Herausgeber und Verleger schuf er einen der wichtigsten deutschen Verlage seiner Zeit, weiter gilt er als Begründer der Tiefdruck-Buchillustration in Deutschland. Die hier vorliegenden Teilbände gehören zu den als *Grands Voyages* bezeichneten Reiseberichten in deutscher und lateinischer Sprache, die sich aufgrund des großen Interesses an der Neuen Welt in dieser Zeit in Form einer Serie erfolgreich verkaufen ließen. Die schon in Benzonis Fassung angelegte Kritik an der Grausamkeit der katholischen spanischen Kolonisatoren gegenüber der einheimischen Bevölkerung führte de Bry aus protestantischer Sicht fort. Das reich illustrierte Werk im Folioformat gehörte zum Bestand der meisten Fürstenbibliotheken der Zeit; dieser Band stammt aus dem Besitz des Trierer Erzbischofs Lothar von Metternich (Nr. 36). Bemerkenswert ist der punzierte und bemalte Goldschnitt. Das Titelblatt zeigt neben Bewohnern der Neuen Welt, die ein Idol verehren und Früchte ernten, unten neben dem Schiff der Kolonisatoren zwei einheimische Könige. Die rechte Figur war die Vorlage für die entsprechende Darstellung auf dem Vorderschnitt.

Lit.: Dizionario Biografico degli Italiani, Bd. 8, Rom 1966, S. 732 f.; Frühe Neuzeit in Deutschland 1520–1620 1, Sp. 384–393

35 – 1597

I. (-V. [...]) Pars Romanae urbis topographiae & antiquitatum [...] Iano Iacobo Boissardo Vesuntino autore. Tabula chorographica totius Italiae [...] in aere incisae: Artifice Theodoro de Bry Leod. [...], Frankfurt am Main: Johann Feyerabend/Theodor de Bry, 1597-1600 (VD 16, B 6461). 8 Bl., 164 S. [...], 32,5 x 23,3 cm.
Signatur: GymBibKO 20648 SOM

Provenienz: Lothar von Metternich; Peter Franz Burret, Koblenz

Einband: Dunkler Lederband mit Streicheisenlinien und Einzelstempeln (Eckfleurons), Rollen (Blüten, Vasen) und ovalen Kartuschen in der Mitte, alles in Rauschel. Ehemals zwei Verschlussbänder, punzierter Goldschnitt

Jean Jacques Boissard wurde 1528 in Besançon geboren und erhielt seine humanistische Bildung durch seinen Onkel Hughes Babet, durch den er verschiedene europäische Universitätsstädte kennenlernte. In Wittenberg besuchte Boissard Vorlesungen von Philipp Melanchthon und konvertierte zum Protestantismus. Von 1551 an lebte er in Nürnberg und Ingolstadt; Ende 1555 brach er von dort nach Venedig auf. Ab 1556 bereiste er die Toskana, Rom und Neapel, weiter Süditalien und Griechenland. Aus politischen Gründen musste er 1559/60 Rom verlassen und ließ sich schließlich in Metz nieder, wo er als Lehrer und Erzieher arbeitete und mit seinen Zöglingen Reisen durch Frankreich, Deutschland und Italien unternahm. Von 1583 bis zu seinem Tod 1602 widmete er sich der Publikation seiner auf den Reisen angefertigten Unterlagen und Zeichnungen. Die zusammen sechs Bände der *Romanae urbis topographiae & antiquitatum*, von denen hier fünf vorliegen, erschienen von 1597 bis 1602 in Frankfurt am Main bei Theodor de Bry (Nr. 34) und seinen Söhnen; sie stellen sicherlich Boissards Hauptwerk dar. Grundlagen für diese Bände bildeten die zwischen 1556 und 1559 in Rom entstandenen Zeichnungen Boissards von Denkmälern, Statuen, Sarkophagen, Reliefs und insbesondere von Inschriften, die von de Bry in Kupferstiche umgesetzt wurden. Die Einleitungen Boissards spiegeln sein vor Ort erworbenes antiquarisches Wissen wider, nutzen aber auch bereits zuvor erschienene romtopographische Werke anderer Autoren. Der erste Band ist Johann I. von Pfalz-Zweibrücken (1550–1604) gewidmet, der 1588 zum reformierten Bekenntnis übergetreten war, wie dies Boissard zwischenzeitlich auch getan hatte. Am Anfang des ersten Bandes findet sich der Ablauf einer auf vier Tage verteilten Stadtführung durch Rom. Der Band zeigt einen gelöschten Besitzvermerk des Trierer Bischofs Lothar von Metternich.

Lit.: Lisa Maria Roemer, Camminando vedrete. Wege durch das antike Rom in der Reiseliteratur des 7. bis 16. Jahrhunderts, Berlin 2019 (Berlin studies of the ancient world 71), S. 225–249; Neue deutsche Biographie 10, S. 513 f.

I. PARS
ROMANAE VRBIS
TOPOGRAPHIAE
& Antiquitatum, Quâ succinctê
& breviter describuntur omnia
quæ tam publicê quam privatim
videntur anim-adversione digna:

IANO IACOBO BOISSARDO
Vesuntino
autore.
Tabula chorographica totius Italiæ.
Figuræ aliquot eleganter
in ære incisæ:
Artifice Theodoro de Bry Leod. sive
frā, ōia foras recens edita.
L. M D XCVII.

36 – 1602

Epitome Annalium Ecclesiasticorum Caesaris Baronii S.R.E. Card. Biblioth. Apost. ab Joanne Gabriele Bisciola Mutinen. Societ. Iesu confecta, et Eiusdem Auctoris concessione nunc primùm in lucem edita. Ad reverendiss. et illustriss. Domin. D. Lotharium, Archiepisc. Trevirens. [...], Köln: Antonius Hierat d. Ä./Johann Gymnich IV., 1602 (VD 17, 23:230087B). 4 Bl., 657 S., 33 Bl., 26,5 x 19,5 cm. Signatur: GymBibKO 21007 SOM

Provenienzen: Lothar von Metternich, Erzbischof von Trier; Familienbibliothek der Grafen von Metternich-Winneburg und Beilstein

Einband: Brauner Lederband mit Streicheisenlinien, floraler und Palmettenrolle, mauresken Eckplatten und Wappensupralibros von Erzbischof Lothar von Metternich mit Inschrift LOTHARIVS. DEI GRAT. ARCHIEP. TREVER. S. R. I. PER. GALL. ET RG. AREL. ARCHIC. P. EL. +, Kanten- und Innenkantenverzierung, alles in Gold. Punzierter Goldschnitt, ehemals zwei rote Verschlussbänder

Lothar von Metternich wurde 1551 geboren und studierte ab 1567 bei den Kölner Jesuiten, danach in Siena und Padua. 1599 wurde er zum Kurfürst-Erzbischof von Trier gewählt. Er förderte im Sinne der Gegenreformation die Ansiedlung von Klöstern in seinem Erzbistum; besonders schätzte er den Jesuitenorden. Auf Reichsebene trat er 1609/10 mit den anderen geistlichen Kurfürsten der katholischen Liga bei. Im September 1623 starb Lothar von Metternich in Koblenz. Der im italienischen Sora 1538 geborene und 1607 in Rom gestorbene Kardinal und Kirchenhistoriker Cesare Baronio schuf mit seinen *Annales ecclesiastici* ein monumentales Werk, das die Kirchengeschichte von Christi Geburt bis zum Jahr 1198 behandelt und auf die Bestände der römischen Archive und Bibliotheken zugreifen konnte. Die hier vorliegende gekürzte Fassung erschien 1602 in Köln bei Johann Gymnich IV. sowie seinem Stiefvater Anton Hierat d. Ä., deren Offizinen ab 1597 und bis 1627 beziehungsweise 1634 tätig waren und immer wieder kooperierten. Die beiden Drucker widmeten die von ihnen erstmals in Deutschland 1602 auf den Markt gebrachte Fassung der Kirchengeschichte von Baronius mit einer *Epistola dedicatoria* Lothar von Metternich, der sein Erzbistum von vielen Schwierigkeiten befreit habe. Der Titelholzschnitt zeigt die Allegorie der siegenden Kirche, die die Häretiker und die Heiden bezwungen und an Ketten gelegt hat. Einem Widmungsexemplar entsprechend wurde der Druck besonders aufwendig eingebunden. Im Zentrum der Deckelgestaltung aus Streicheisenlinien, Rollen und Platten in Gold findet sich vorne und hinten das Wappensupralibros von Lothar von Metternich, das ein für das Erzbistum Trier stehendes Kreuz mit dem Metternich-Wappen aus drei Muscheln vereinigt.

Lit.: Gatz, Bischöfe 1448–1648, S. 470–472; Reske, Buchdrucker, S. 460 f.; Biographisch-bibliographisches Kirchenlexikon 1, S. 379

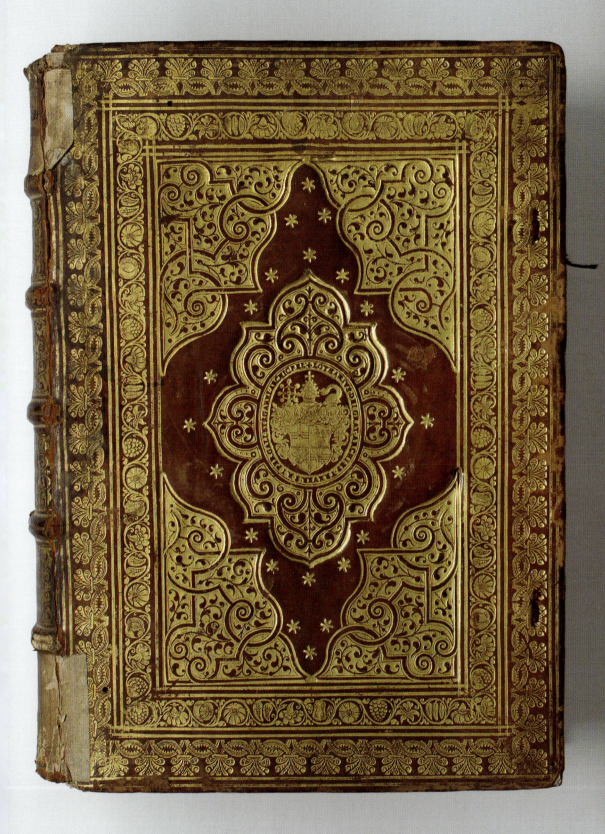

37 – 1607

Antonio Possevini Mantuani Societatis Iesu Bibliotheca selecta de ratione studiorum, ad disciplinas, & ad salutem omnium gentium procurandam. Recognita novissime ab eodem [...] Permissu auctoris nunc primum in Germania edita, Bd. 1–2, Köln: Johann Gymnich IV., 1607 (VD 17, 1:044378L, Variante u. 1:044400K). 13 Bl., 476 S. u. 519 S., 14 Bl., 32 x 22 cm. Signatur: GymBibKO 21001 SOM

Provenienzen: Johann Pyl von Scharfenstein, 1607; Koblenz, Franziskaner-Rekollekten, 1717

Einband: Dunkler Lederband mit Einzelstempeln (Eckfleurons), Rollen (Kette und Blüten), Platten (ornamentale Eckplatten, große ornamentale Platten in der Mitte mit Justitia- und Fortuna-Darstellung). Ehemals zwei Verschlussbänder, punzierter Goldschnitt

Der 1533 in Mantua geborene Antonio Possevino trat 1559 in Padua in den Jesuitenorden ein und wirkte ab 1560 als gegenreformatorischer Prediger im Piemont und in Savoyen, musste 1562 aber vor radikalen Hugenotten fliehen. In der Folge war er für den Orden in Frankreich tätig. 1573 wurde er Geheimschreiber in Rom und unternahm in dieser Eigenschaft diplomatische Missionen nach Schweden, Russland und Polen. Seine Hauptziele waren die Rekatholisierung Nordeuropas und die Aussöhnung mit der orthodoxen Kirche. 1587 kehrte er nach Padua zurück, blieb aber weiterhin diplomatisch tätig und starb 1611 in Ferrara. Seine *Bibliotheca selecta de ratione studiorum*, eines seiner Hauptwerke, liegt hier in erweiterter und in erster in Deutschland erschienener Auflage vor. Der erste Band ist der Theologie gewidmet und setzt sich mit Religionsgesprächen mit Nichtkatholiken auseinander, während sich der zweite Band den anderen Fächern widmet, unter anderem der Medizin, der Mathematik, der Geschichte und der Literatur. Das Titelblatt zeigt an einem architektonischen Rahmen Personifikationen der Sieben Freien Künste und darunter eine Ansicht der Stadt Köln. Der Drucker Johann Gymnich IV. kam nach dem Tod seines Vaters aus Frankfurt am Main nach Köln und stellte bis zu seinem Tod 1634 über 110 Titel her. 1613 wurde er in den Stadtrat gewählt. Bei dem vorliegenden, repräsentativ ausgestatteten Band handelt es sich um ein Widmungsexemplar. Einem Teil der Auflage ist nach dem Titelblatt eine gedruckte Widmung an die Kölner Ratsmitglieder Johannes Bolandt und Johann Pyl von Scharfenstein (1552–1619) eingebunden. Gemäß einem handschriftlichen Vermerk auf dem vorderen fliegenden Blatt handelt es sich hier um das persönliche Exemplar von Scharfenstein, das ihm noch im Druckjahr 1607 von Gymnich überreicht worden ist.

Lit.: Biographisch-bibliographisches Kirchenlexikon 7, Sp. 857–862; Reske, Buchdrucker, S. 461; Joachim Deeters, Rat und Bürgermeister in Köln 1396–1797. Ein Verzeichnis, Köln 2013 (Mitteilungen aus dem Stadtarchiv von Köln 99), S. 360 Nr. 112

38 – 1666

Ludi theatrales sacri. Sive Opera comica posthuma à R. P. Jacobo Bidermanno Soc. Jesu Theologo olim conscripta, et cum plausu in theatrum producta. Nunc bono juventutis in publicum data, Bd. 1-2, München: Johannes Wagner/Johannes Wilhelm Schell, 1666 (VD 17, 14:642543T u. 14:642545H). 16 Bl., 434 S. u. 1 Bl., 414 S., 1 Bl., 16,6 x 10,8 cm. Signatur: GymBibKO 5474 SOM

Provenienz: Koblenz, Kloster Allerheiligen der Unbeschuhten Karmeliten

Einband: Dunkler Lederband mit Einzelstempeln (Eckfleurons), floraler Rolle und Wappensupralibros des Koblenzer Klosters Allerheiligen der Unbeschuhten Karmeliten mit Inschrift Conventus Confluentin. Carmelit. Discalceator., Monogramm C.C.C.D. und Datierung 1667

Das Karmeliterkloster Allerheiligen wurde im Zuge des kirchlichen Wiederaufbaus nach dem Dreißigjährigen Krieg durch die Trierer Erzbischöfe Karl Kaspar von der Leyen (1652–1676) und Johann Hugo von Orsbeck (1676–1711) ins Leben gerufen. Der Gründungskonvent dieses jüngsten Koblenzer Klosters kam aus Neuburg an der Donau. Unbeschuhte Karmeliten stellten die Predigt in den Mittelpunkt ihrer Tätigkeit und waren mit den Bettelorden vergleichbar. Die 1687 fertiggestellte Karmeliterkirche des 1802 aufgehobenen Klosters wurde im Zweiten Weltkrieg zerstört. Eine einheitliche Gestaltung zeichnet die Bücher der Bibliothek des Klosters aus. Der Vorderdeckel zeigt das Monogramm C.C.C.D., das in der Umschrift des Wappensupralibros als *Conventus Confluentin. Carmelit. Discalceator.* aufgelöst wird. Auf dem im Kern identisch gestalteten Hinterdeckel ist das Monogramm durch das Bindejahr 1667 ersetzt.

Das Wappen des Karmeliterordens zeigt den stilisierten Berg Karmel mit Kreuz sowie drei Sterne, die Maria und die Propheten bezeichnen. Der 1578 im schwäbischen Ehingen geborene Jakob Bidermann gilt als wichtigster Dramatiker des Jesuitenordens. Nach seinem Noviziat in Landsberg von 1594 bis 1596 trat er in den Orden ein und studierte von 1597 bis 1600 Philosophie in Ingolstadt. Sein erstes Drama entstand während seiner Tätigkeit am Augsburger Jesuitengymnasium von 1600 bis 1602. Von 1606 bis 1626 lehrte Bidermann in München und Dillingen; um 1626 ging er als Ordenszensor nach Rom, wo er 1639 starb. Der vorliegende Druck stellt die postume Erstausgabe seiner Dramen dar, in denen er gegen Laster kämpfte und den katholischen Glauben propagierte.

Lit.: Pauly, Kirche, S. 234 f.; Frühe Neuzeit in Deutschland 1520–1620 1, Sp. 244–262

39 – 1690

Des berühmten Schlesiers Martini Opitii von Boberfeld/ Bolesl. Opera Geist- und Weltlicher Gedichte/ Nebst beygefügten vielen andern Tractaten so wohl Deutsch als Lateinisch/ Mit Fleiß zusammen gebracht und von vielen Druckfehlern befreyet/ Die neueste Edition, Breslau: Esaias Fellgiebel, 1690 (VD 17, 32:683930C). 30 Bl., 542 S. Beiband: Martini Opitii Weltliche Poemata. Der Ander Theil. Letzte Truck auffs fleißigste übersehen und verbessert, Breslau: Esaias Fellgiebel, o.J. (VD 17, 23:248369H). 500 S., 16,5 x 11,3 cm. Signatur: GymBibKO 21008 SOM

Einband: Pappband des 18. Jahrhunderts

Unter den Drucken des 16. und 17. Jahrhunderts aus der Bibliothek der *Stiftung Staatliches Görres-Gymnasium* finden sich wenige Titel deutschsprachiger Literatur. Dazu gehört dieser erste Band einer 1690 in Breslau bei Esaias Fellgiebel erschienenen Werkausgabe von Martin Opitz. Er wurde 1597 im schlesischen Bunzlau im calvinistischen Umfeld geboren und studierte ab 1619 im ebenfalls reformierten Heidelberg. Hier lernte er den Dichterkreis um den pfälzischen Oberrat und Humanisten Georg Michael Lingelsheim kennen. Nach dem Scheitern des von diesem Kreis gestützten Kurfürsten Friedrich V., der nach der böhmischen Königskrone gegriffen hatte, floh Opitz nach Leiden und kehrte 1621 nach Schlesien zurück. 1629 wurde er in die Fruchtbringende Gesellschaft aufgenommen und trat in der Folge in katholische Dienste. In dieser Funktion unternahm er einige diplomatische Missionen. Seine letzte Lebensstation fand er im zu dieser Zeit liberalen Polen; 1639 starb Opitz in Danzig an der Pest. Die Anfänge seiner Dichtungen liegen bei neulateinischen Texten, aber er wandte sich schon früh der Volkssprache zu. Sein Ziel war es, eine den anderen europäischen Sprachen ebenbürtige deutsche Sprache und Kunstdichtung auf dem Fundament der antiken Poesie zu schaffen und diese im höfischen Umfeld zu verankern. Das von dem in Nürnberg wirkenden Maler und Kupferstecher Joachim von Sandrart (1608–1688) geschaffene, anspielungsreiche Frontispiz der Werkausgabe zeigt Opitz als Mittler zwischen antiken und modernen Dichtern, unter ihnen Andreas Gryphius. Im Hintergrund sind sein Geburtsort Bunzlau (*Buntzel*) sowie der Bober-Fluss zu sehen. Die Ausgabe wurde von Esaias Fellgiebel produziert, der Buchläden in Breslau, Frankfurt am Main und Leipzig betrieb und als der wichtigste deutsche Verleger für Barockliteratur gilt.

Lit.: Killy Literaturlexikon 8, S. 715–722; Achim Aurnhammer, Frühneuzeitliche Porträtpolitik. Das Dichterbildnis des Martin Opitz in Selbst- und Fremdinszenierungen, in: Daniel Berndt u. a. (Hg.), Bildnispolitik der Autorschaft. Visuelle Inszenierungen von der Frühen Neuzeit bis zur Gegenwart, Göttingen 2018, S. 197–199 u. Abb. 12; Klaus Garber, Das alte Breslau. Kulturgeschichte einer geistigen Metropole, Köln/Weimar/Wien 2014, S. 190 f.

40 – 1768

Index generalis Bibliothecae Collegii S. J. Confluentini Anno 1768. Handschrift, 513 S., 36,2 x 22,5 cm. Signatur: LBZ / Rheinische Landesbibliothek Koblenz, Kat. 1

Provenienz: Koblenz, Jesuitenkolleg

Einband: Heller Lederband mit Streicheisenlinien, Rollen und Einzelstempeln, zwei Schließen

Die Büchersammlung des Jesuitenkollegiums in Koblenz war im Bibliotheksraum im 1592 fertiggestellten Westflügel des Konvents untergebracht, der mit hohen Schränken mit gitterartigen Türen ausgestattet war. 1768 wurde sie in einem handschriftlichen Bandkatalog verzeichnet, wie er für viele Bibliotheken der Zeit üblich war. Es handelt sich um einen alphabetischen Katalog, der nach Verfassernamen oder, wenn dieser fehlte, nach Werktiteln geordnet ist. Auf lose beiliegenden Doppelbögen sind in einem *Auctarium* etwa 650 Titel verzeichnet, die nach der Auflösung des Jesuitenordens angeschafft worden sind. Die Signatur setzte sich aus der Fachgruppe (*classis* mit den lateinischen Buchstaben *A–Y*), dem Bücherregal und einer laufenden Nummerierung zusammen, die den Standort im Regal anzeigte. Der Katalog verzeichnet den Bestand der Bibliothek des Kollegiums kurz vor seiner Auflösung im Jahr 1773 und vor den Plünderungen der napoleonischen Zeit. In den Grundbestand wurden in leere Zeilen bis 1773 reichende Neuerwerbungen eingetragen. Insgesamt listet der Band etwa 4.000 Titel in 5.000 Bänden auf, unter ihnen gut 50 Handschriften und etwa 130 Inkunabeln. Es handelte sich damit um eine Klosterbibliothek mittlerer Größe. Erwartungsgemäß nahm das Fach Theologie mit über 2.200 Titeln den mit Abstand größten Raum ein, wobei Autoren aus dem Orden selbst eine große Rolle spielten. Mit den Sprachen der klassischen Antike, die grundlegend für den Schulbetrieb des Jesuitenkollegs gewesen waren, beschäftigten sich etwa 730 Titel, gefolgt von 500 Titeln aus dem Bereich der Rechtswissenschaft mit Schwerpunkt Kirchenrecht. Kleinere Fachgruppen bildeten Geschichte und Geografie, Medizin sowie Philosophie und Naturwissenschaften. Neben Käufen mit eigenen Mitteln wurden die Bibliotheksbestände auch durch Schenkungen von Privatpersonen vermehrt.

Lit.: Hendricks, Bibliothek, S. 116–130; Meckelnborg, Inkunabeln, S. 21–23

INDEX GENERAL. BIBLIOTHECÆ COLLEG: S.J. CONFLUENT: ANNO 1768 NOTANDA.

1. in hoc indice generali inquiritur liber juxta Alphabetum.
2. si Author adscriptus sit, inquiritur juxta literam primam Authoris. si non sit adscriptus, inquiritur juxta literam primam tituli.
3. literæ majores pictæ in medio paginarum positæ non indicant classem, ad quam liber pertinet, sed Alphabetum generale; literæ vero ad marginem paginarum positæ indicant classem.
4. Numeri ad marginem paginarum positi indicant locum libri: prior loculamentum; alter, quotus sit liber in loculamento, indicat.

Literaturverzeichnis

Allgemeines Lexikon der bildenden Künstler von der Antike bis zur Gegenwart, begr. von Ulrich Thieme und Felix Becker, Bd. 37, Leipzig 1950.

Almanach d'Adresses de la Ville de Coblence pour l'an XII, Coblence 1804.

Alter Katalog. Katalog des unrevidierten Altbestandes bis 1945, abrufbar unter: https://ulbbonn.dilib.info/(S(2lsgtz4ilivzabkvjwbhc2tu))/Start.aspx [Stand: 10.9.2023].

Aurnhammer, Achim, Frühneuzeitliche Porträtpolitik. Das Dichterbildnis des Martin Opitz in Selbst- und Fremdinszenierungen, in: Daniel Berndt u. a. (Hg.), Bildnispolitik der Autorschaft. Visuelle Inszenierungen von der Frühen Neuzeit bis zur Gegenwart, Göttingen 2018, S. 197–199.

Baumann, Brigitte; Baumann, Helmut, Die Mainzer Kräuterbuch-Inkunabeln, Stuttgart 2010.

Bietenholz, Peter G.; Deutscher, Thomas B., Contemporaries of Erasmus. A biographical register of the renaissance and reformation, Bd. 1–3, Toronto u. a. 1985–1987.

Biographisch-bibliographisches Kirchenlexikon, bearb. u. hg. von Friedrich Wilhelm Bautz, fortgeführt von Traugott Bautz [...], Bd. 1–45, Hamm bzw. Nordhausen 1975–2023.

Die Bischöfe des Heiligen Römischen Reiches 1448 bis 1648. Ein biographisches Lexikon, hg. von Erwin Gatz, Berlin 1996.

Boghardt, Martin, Catholicon, in: Lexikon des gesamten Buchwesens, Bd. 2, Stuttgart 1989, S. 80–81.

Brentano, Clemens, Sämtliche Werke und Briefe, Bd. 29: Briefe I (1792–1802), nach Vorarbeiten von Jürgen Behrens und Walter Schmitz hg. von Lieselotte Kinskofer, Stuttgart u. a. 1988.

Brommer, Peter; Krümmel, Achim, Klöster und Stifte am Mittelrhein, Koblenz 1998 (Wegweiser Mittelrhein 6).

Buschinger, Danielle, Die „Cronica van der hilliger Stat van Coellen" oder „Koelhoffsche Chronik", in: Claudia Wich-Reif (Hg.), Strukturen und Funktionen in Gegenwart und Geschichte. Festschrift für Franz Simmler zum 65. Geburtstag, Berlin 2007, S. 465–486.

Clemen, Otto, Kleine Schriften zur Reformationsgeschichte, Bd. 6, Leipzig 1985.

Corsten, Severin, Die Kölnische Chronik von 1499, Hamburg 1982.

Corsten, Severin, Der rettende Hafen. Die Inkunabelsammlung der UB Bonn, in: Verband der Bibliotheken des Landes Nordrhein-Westfalen, Mitteilungsblatt N.F. 38 (1989), S. 124–131.

Cristea, Hans-Joachim (Bearb.), Gottes Wort in der Sprache des Volkes, Trier 2017.

Dahm, Reinhold, Die Geschichte der Bibliothek des Staatlichen Görres-Gymnasiums zu Koblenz, Koblenz 1968.

Die deutsche Literatur des Mittelalters. Verfasserlexikon, begründet von Wolfgang Stammler, 2. Aufl. hrsg. von Kurt Ruh u. a., Bd. 1–14, Berlin u. a. 1978–2008.

Deutscher Humanismus 1480–1520. Verfasserlexikon, hg. von Franz Josef Worstbrock, Bd. 1–2, Berlin u. a. 2008–2013.

Dictionnaire de biographie française, Bd. 5, Paris 1951.

Dizionario Biografico degli Italiani, Bd. 8, Rom 1966.

Eichenberger, Walter; Wendland, Henning, Deutsche Bibeln vor Luther. Die Buchkunst der 18 deutschen Bibeln zwischen 1466 u. 1522, 2. verb. und erw. Aufl., Hamburg 1983.

Einbanddatenbank, abrufbar unter: https://www.hist-einband.de/ [Stand: 1.10.2023].

Eitelbach, Kurt, Von der Renaissance ins 20. Jahrhundert. Kleine Kunstgeschichte des Jesuitenkollegs, in: Historisches Rathaus der Stadt Koblenz. Dokumentation zur Generalsanierung des Rathauses – Gebäude II, hg. v. d. Stadt Koblenz, Koblenz 1985, S. 38–62.

Embach, Michael: Hundert Highlights, kostbare Handschriften und Drucke der Stadtbibliothek Trier, Regensburg 2013.

Ermann, Wilhelm, Geschichte der Bonner Universitätsbibliothek (1818–1901), Halle a. S. 1919 (Sammlung bibliothekswissenschaftlicher Arbeiten 37/38).

Falk, Franz, Die Presse zu Marienthal, Mainz 1882.

Falk, Franz, Zu den Marienthaler Drucken, in: Zenralblatt für Bibliothekswesen 17 (1900), S. 481–483.

Frühe Neuzeit in Deutschland 1520–1620. Literaturwissenschaftliches Verfasserlexikon, hg. von Wilhelm Kühlmann u. a., Bd. 1–7, Berlin u. a. 2011–2019.

Garber, Klaus, Das alte Breslau. Kulturgeschichte einer geistigen Metropole, Köln u. a. 2014.

Gattermann, Günter (Hg.), Handschriftencensus Rheinland. Erfassung mittelalterlicher Handschriften im rheinischen Landesteil von Nordrhein-Westfalen mit einem Inventar, Wiesbaden 1993 (Schriften der Universitäts- und Landesbibliothek Düsseldorf 18,1–2 u. Reg.).

Geiß, Jürgen, Katalog der mittelalterlichen Handschriften der Universitäts- und Landesbibliothek Bonn, Berlin u. a. 2015.

Geiß-Wunderlich, Jürgen, Kriegsverlust, Finderglück und gutes Ende. Elf aus Belgien restituierte mittelalterliche Handschriften der Universitäts- und Landesbibliothek Bonn, in: Mittellateinisches Jahrbuch 57 (2022), S. 165–200.

Geldner, Ferdinand, Die deutschen Inkunabeldrucker, Bd. 1: Das deutsche Sprachgebiet. Bd. 2: Die fremden Sprachgebiete. Ein Handbuch der deutschen Buchdrucker des XV. Jahrhunderts nach Druckorten, Stuttgart 1968–1970.

Gesamtkatalog der Wiegendrucke, abrufbar unter: https://www.gesamtkatalogderwiegendrucke.de [Stand: 1.10.2023].

Geschichtsquellen des deutschen Mittelalters, abrufbar unter: www.geschichtsquellen.de [Stand: 20.8.2023].

Gestohlener Flügelaltar kehrt zurück nach Koblenz. Odyssee der „Speisung der Fünftausend" endlich beendet, in: Rhein-Zeitung, 17./18.05.1968.

Gottschalk, Maren, Johannes Gutenberg, Köln 2018.

Grabmann, Martin, Die Werke des Heiligen Thomas von Aquin, 3. Aufl., Münster 1967.

Günther, Adam, Führer durch das Städtische Museum im früheren Residenzschloß zu Coblenz, Coblenz 1923.

Haebler, Konrad, Rollen- und Plattenstempel des XVI. Jahrhunderts, unter Mitwirkung von Ilse Schunke verzeichnet von Konrad Haebler, Bd. 1–2, Leipzig 1928–1929 (Sammlung bibliothekswissenschaftlicher Arbeiten 41–42).

Handschriftenportal, abrufbar unter: https://handschriftenportal.de [Stand: 12.9.2023].

Heinz, Andreas, Die gedruckten liturgischen Bücher der Trierischen Kirche. Ein beschreibendes Verzeichnis mit einer Einführung in die Geschichte der Liturgie im Trierer Land. Professor Dr. Balthasar Fischer zum 85. Geburtstag am 3. September 1997, Trier 1997 (Veröffentlichungen des Bistumsarchivs Trier 32).

Heinz, Andreas, Liturgie und Frömmigkeit. Beiträge zur Gottesdienst- und Frömmigkeitsgeschichte des (Erz-)Bistums Trier und Luxemburgs zwischen Tridentinum und Vatikanum II, Trier 2008.

Hellinga, Lotte, Das Mainzer Catholicon und Gutenbergs Nachlass, in: Archiv für Geschichte des Buchwesens 40 (1993), S. 395–416.

Hendricks, Cornelia, Die Bibliothek des Staatlichen Görres-Gymnasiums in Koblenz. Eine Untersuchung unter buch- und bibliotheksgeschichtlichen Gesichtspunkten, in: Bibliothek und Wissenschaft 23 (1989), S. 112–192.

Herkenhoff, Michael, Auslagerung und Rückführung der Bestände der Universitätsbibliothek Bonn (1942–1947), in: Festschrift für Gerd Brinkhus. Wiesbaden 2008 (Wolfenbütteler Notizen zur Buchgeschichte 33), S. 77–93.

Herkenhoff, Michael, Kulturgutschutz rheinischer Bibliotheken im Zweiten Weltkrieg. Das Beispiel der Universitätsbibliothek Bonn, in: Kulturgutschutz in Europa und im Rheinland. Franziskus Graf Wolff Metternich und der Kunstschutz im Zweiten Weltkrieg, Wien u. a. 2021 (Brüche und Kontinuitäten 5), S. 423–438.

Hömig, Herbert, Altenstein – der erste preußische Kultusminister. Eine Biographie, Münster 2015.

Incunabula Short Title Catalogue, abrufbar unter: https://data.cerl.org/istc/_search?lang=de [Stand: 25.9.2023].

Inkunabelkatalog Inka, abrufbar unter: http://www.inka.uni-tuebingen.de/ [Stand: 10.9.2023].

Jahresbericht des Städtischen Schloßmuseums Koblenz, in: Rheinische Heimatpflege 7 (1935), S. 567.

Jefcoate, Graham, An Ocean of Literature. John Henry Bohte and the Anglo-German Book Trade in the Early Nineteenth Century, Göttingen 2020.

Kallenbach, Reinhard, Bürgerhospital, abrufbar unter https://www.dr-dr-reinhard-kallenbach.de/stadthygiene/teil-2-bürgerhospital/ [Stand: 12.10.2023].

Der Katholische Frauenverein St. Barbara in Coblenz. Entstehung, Geschichte und Wirken unter besonderer Berücksichtigung des St. Barbara-Waisenhauses. Zur Erinnerung an die Einweihung des neuen Waisenhauses mit Kapelle am 20. Oktober 1908, Coblenz 1908.

Kekulé, Reinhard, Das Leben Friedrich Gottlieb Welckers nach seinen eigenen Aufzeichnungen und Briefen, Leipzig 1880.

Killy Literaturlexikon. Autoren und Werke des deutschsprachigen Kulturraumes, 2. Aufl., hg. von Wilhelm Kühlmann u. a., Bd. 1–12, Berlin u. a. 2008–2011.

Kirschbaum, Markus, Friedrich Gottlieb Welcker. Archäologe, Universitätsprofessor, Gründer des Akademischen Kunstmuseums Bonn (1784–1868), in: Internetportal Rheinische Geschichte, abrufbar unter: https://www.rheinische-geschichte.lvr.de/Persoenlichkeiten/friedrich-gottlieb-welcker/DE-2086/lido/5d15dfe63d9501.31159900, [Stand: 11.9.2023].

Klein, Johann Josef, Geschichte der Stadt Boppard, Boppard 1909.

Klette, Anton; Staender, Joseph, Catalogi Chirographorum in Bibliotheca academica Bonnensi servatorum catalogus, Bd. 1–2, Bonn 1858–1876.

Klueting, Harm, Die Säkularisation 1802/03 im Rheinland und Westfalen, in: Monatshefte für evangelische Kirchengeschichte des Rheinlandes 30 (1981), S. 265–292.

Kohfeldt, Gustav, Zur Druckgeschichte des Lübecker Rudimentum Novitiorum vom Jahre 1475, in: Zentralblatt für Bibliothekswesen 24 (1907), S. 26–31.

Kranz, Annette, Zum „Herrn mit der Pelzmütze" von Hans Holbein dem Älteren. Das Bildnis des Augsburger Kaufmanns Philipp Adler, in: Marburger Jahrbuch für Kunstwissenschaft 33 (2006), S. 175–195.

Kunz, Rudolf, Stammtafel der Herren von Wallbrunn, in: 50 Jahre Hessische familiengeschichtliche Vereinigung e. V. Darmstadt. Festschrift, mit Beiträgen zur hessen-darmstädtischen Genealogie, Darmstadt 1971, S. 155 f.

Kunze, Horst, Geschichte der Buchillustration in Deutschland. Das 15. Jahrhundert, Textband, Leipzig 1975.

Ledebur, Alkmar Frhr. von (Bearb.), Die Kunstdenkmäler des Rhein-Hunsrück-Kreises, Bd. 2.1, Ehemaliger Kreis St. Goar, Stadt Boppard, Bd. 1, München 1988 (Die Kunstdenkmäler von Rheinland-Pfalz 8).

Lexikon des Buchwesens, 2. Aufl., hg. von Severin Corsten, Günther Pflug, Friedrich Adolf Schmidt-Künsemüller, Bd. 1–9, Stuttgart 1987–2016.

Lexikon des Mittelalters, Bd. 1–9, München u. a. 1980–1998.

Manuscripta Mediaevalia, Universitäts- und Landesbibliothek Bonn, abrufbar unter: http://www.manuscripta-mediaevalia.de/#|5 [Stand: 12.9.2023].

Marcos, Dieter (Hg.), Andacht & Krieg. Von der Koblenzer Kartause zum Fort Konstantin (Festschrift zum 10-jährigen Jubiläum Pro Konstantin e. V.), Lahnstein 2004.

Margócsy, Daniel; Somos, Mark; Joffe, Stephen N., The Fabrica of Andreas Vesalius. A worldwide descriptive census, ownership, and annotations of the 1543 and 1555 editions, Leiden u. a. 2018 (Medieval and early modern philosophy and science 28).

Mayer, Josef, Die Stifter und Mehrer der Koblenzer Jesuiten-Bibliothek, in: Mittelrheinische Geschichtsblätter 9 (1929), Nr. 4, S. 3 f.

Meckelnborg, Christina (Bearb.), Mittelalterliche Handschriften im Landeshauptarchiv Koblenz, Bd. 1, Koblenz 1998 (Veröffentlichungen der Landesarchivverwaltung Rheinland-Pfalz 78).

Meckelnborg, Christina (Bearb.), Die Inkunabeln der Bibliothek der Stiftung Staatliches Görres-Gymnasium Koblenz, Wiesbaden 2022.

Meurer, Peter H., Fontes Cartographici Orteliani. Das „Theatrum Orbis Terrarum" von Abraham Ortelius und seine Kartenquellen, Weinheim 1991.

Michel, Fritz, Das ehemalige Jesuitenkolleg und seine Bauten. Beitrag zur Baugeschichte der Stadt Koblenz, in: Trierisches Archiv 28/29 (1919), S. 81–144 (mit Abb. 1–23 im Anhang).

Michel, Fritz, Coblenzer Maler und Glasbrenner im späten Mittelalter, in: Rheinische Heimatblätter 1 (1924), Nr. 4, S. 119–125.

Michel, Fritz (Bearb.), Die kirchlichen Denkmäler der Stadt Koblenz, Düsseldorf 1937 (Die Kunstdenkmäler der Rheinprovinz 20,1).

Monasticon Carmelitanum. Die Klöster des Karmelitenordens (O. Carm.) in Deutschland von den Anfängen bis zur Gegenwart, hg. von Edeltraud Klueting; Stephan Panzer; Andreas H. Scholten, Münster 2012.

Müller, Jürgen, 1798. Das Jahr des Umbruchs im Rheinland, in: Rheinische Vierteljahrsblätter 62 (1998), S. 205–237.

Mündnich, Joseph, Das Hospital zu Coblenz. Festschrift zur Hundertjahrfeier, Coblenz 1905.

Neue deutsche Biographie, hg. von der Historischen Kommission bei der Bayerischen Akademie der Wissenschaften, Bd. 1–27, Berlin 1953–2020.

Der neue Pauly, Enzyklopädie der Antike, hg. von Hubert Cancik, Helmuth Schneider, Bd. 1–16, Stuttgart u. a. 1996–2003.

Overgaauw, Eef (Bearb.), Mittelalterliche Handschriften im Landeshauptarchiv Koblenz, Bd. 2: Die nichtarchivischen Handschriften der Signaturengruppe Best. 701 Nr. 191–992, Koblenz 2002 (Veröffentlichungen der Landesarchivverwaltung Rheinland-Pfalz 94).

Pauly, Ferdinand, Das Stift St. Kastor in Karden an der Mosel, Berlin u. a. 1986 (Germania Sacra N. F. 19, Bd. 3).

Pauly, Ferdinand, Die Kirche in Koblenz, in: Geschichte der Stadt Koblenz, Bd. 1: Von den Anfängen bis zum Ende der kurfürstlichen Zeit, 2. Aufl. Stuttgart 1995, S. 179–236, 502–506 (Anmerkungen).

Quensel, Stephan, Hexen-Politik im frühmodernen Europa (1400–1800), Wiesbaden 2022.

Renger, Christian, Die Gründung und Einrichtung der Universität Bonn und die Berufungspolitik des Kultusministers Altenstein, Bonn 1982 (Academia Bonnensia 7).

Reske, Christoph, Die Buchdrucker des 16. und 17. Jahrhunderts im deutschen Sprachgebiet, auf der Grundlage des gleichnamigen Werkes von Josef Benzing, Wiesbaden 2007 (Beiträge zum Buch- und Bibliothekswesen 51).

Rhein, Reglinde, Die Legenda aurea des Jacobus de Voragine: die Entfaltung von Heiligkeit in „Historia" und „Doctrina", Köln 1995.

Richter, Will, Die Überlieferung der Ruralia commoda des Petrus de Crescentiis im 14. Jahrhundert, in: Mittellateinisches Jahrbuch 16 (1981), S. 223–275.

Roemer, Lisa Maria, Camminando vedrete. Wege durch das antike Rom in der Reiseliteratur des 7. bis 16. Jahrhunderts, Berlin 2019 (Berlin Studies of the Ancient World 71).

Ronner, Wolfgang, Die von Kronberg und ihre Frauen. Begegnungen mit einem Rittergeschlecht. Neustadt an der Aisch 1992 (Bibliothek familiengeschichtlicher Arbeiten 50).

Sänger-Linden, Claudia, Bestandsbeschreibung, in: Handbuch der historischen Buchbestände in Deutschland, hg. von Bernhard Fabian, Bd. 6, bearb. von Sabine Wefers, Hildesheim u. a. 1993, S. 155.

Schaper, Birgit; Herkenhoff, Michael, Ein kapitaler Bücherdiebstahl, in: Jahrbuch für Buch- und Bibliotheksgeschichte 5 (2020), S. 131–190.

Scheible, Heinz (Bearb.), Melanchthons Briefwechsel, Bd. 12: Personen F–K, bearb. von Heinz Scheible unter Mitwirkung von Corinna Schneider, Stuttgart-Bad Cannstatt 2005.

Schieder, Wolfgang (Hg.), Säkularisation und Mediatisierung in den vier rheinischen Departements, Teil 2, Rhein-Mosel-Departement, 2: 1803–1813, Edition des Datenmaterials der zu veräußernden Nationalgüter, Boppard 1991 (Forschungen zur deutschen Sozialgeschichte 5).

Schlechter, Armin, Inkunabeln aus Klosterbibliotheken in Baden und der Pfalz, in: Armin Schlechter (Hg.), Gesammelt – zerstreut – bewahrt? Klosterbibliotheken im deutschsprachigen Südwesten, Stuttgart 2021 (Veröffentlichungen der Kommission für geschichtliche Landeskunde in Baden-Württemberg Reihe B 226), S. 77–108.

Schlechter, Armin, LBZ sichert Historische Bibliothek des Görres-Gymnasiums Koblenz, in: Bibliotheken heute 19 (2023), Heft 1/2, S. 124 f.

Schlechter, Armin (Bearb.), Von Ottheinrich zu Carl Theodor. Prachteinbände aus drei Jahrhunderten, bearb. von Armin Schlechter unter Mitwirkung von Matthias Miller und Karin Zimmermann, Heidelberg 2003 (Schriften der Universitätsbibliothek Heidelberg 4).

Schlechter, Armin, Zwei Widmungsexemplare aus der Bibliothek der Stiftung Staatliches Görres-Gymnasium in Koblenz. I. Jakob Wimpfeling an Lambertus Pascualis. II. Ulrich von Hutten an Martin Bucer, in: Jahrbuch für Buch- und Bibliotheksgeschichte 8 (2023), S. 143–163.

Schmeißer, Bernd (Bearb.), Um eine Bibliothek auch in unserer Stadt zu gründen. Katalog zur Jubiläumsausstellung der Stadtbibliothek Koblenz, Koblenz 2002 (Veröffentlichungen der Stadtbibliothek Koblenz 47).

Schmidt-Wartenberg, Hans, Zum Speculum Humanae Salvationis, in: Publications of the Modern Language Association, Vol. 14, 1 (1899), S. 137–168.

Schmitz, Wolfgang, Grundriss der Inkunabelkunde. Das gedruckte Buch im Zeitalter des Medienwechsels, Stuttgart 2018 (Bibliothek des Buchwesens 27).

Schmitz, Wolfgang, Neue Überlegungen zur Autorschaft der Kölnischen Chronik, in: Schmitz, Wolfgang (Hg.), Kontext Buch. Festschrift für Stefan Füssel, Wiesbaden 2020, S. 199–209.

Schorn, Carl, Eiflia Sacra oder Geschichte der Klöster und geistlichen Stiftungen der Eifel, Bd. 2, Bonn 1889.

Schunke, Ilse, Das Werk des Meisters NP, in: Schunke, Ilse, Studien zum Bilderschmuck der deutschen Renaissance-Einbände, Wiesbaden 1959 (Beiträge zum Buch- und Bibliothekswesen 8), S. 88–141, besonders S. 126 Nr. 27.

Schwarz, Theodor, Über den Verfasser und die Quellen des Rudimentum novitiorum, Rostock 1888.

Segl, Peter (Hg.), Der Hexenhammer. Entstehung und Umfeld des Malleus Maleficarum von 1487, Köln 1988 (Bayreuther Historische Kolloquien 2).

Simmert, Johannes (Bearb.), Inventar des Archivs der Kartause St. Beatusberg vor Koblenz, Koblenz 1987 (Veröffentlichungen der Landesarchivverwaltung Rheinland-Pfalz 46).

Spät, Thomas (Bearb.), Gesellschaft im Brief, Stuttgart 2021.

Stegmüller, Friedrich, Repertorium commentariorum in sententias Petri Lombardi, Bd. 1–2, Herbipoli 1947.

Stramberg, Christian von, Denkwürdiger und nützlicher Rheinischer Antiquarius [...], I.–IV. Abt., Coblenz 1845–1871.

Taxacher, Gregor, Die Geschichten der Geretteten. Heilige und Heiliges in der Legenda aurea, Regensburg 2023.

Traube, Ludwig; Ehwald, Rudolf, Jean Baptiste Maugérard. Ein Beitrag zur Bibliotheksgeschichte, in: Abhandlungen der historischen Klasse der Bayerischen Akademie der Wissenschaften 29 (1906), S. 301–387.

Universitäts- und Landesbibliothek Bonn, Digitale Sammlungen, abrufbar unter: https://www.sammlungen.ulb.uni-bonn.de/de/digitale-sammlungen [Stand: 12.9.2023].

Universitäts- und Landesbibliothek Bonn, Suchportal Bonnus, abrufbar unter: https://www.ulb.uni-bonn.de/de [Stand: 13.9.2023].

Verzeichnis der im deutschen Sprachbereich erschienenen Drucke des 16. Jahrhunderts (VD 16), abrufbar unter: www.vd16.de [Stand: 1.10.2023].

Das Verzeichnis der im deutschen Sprachraum erschienenen Drucke des 17. Jahrhunderts (VD 17), abrufbar unter: www.vd17.de [Stand: 1.10.2023].

Vogt, Renate, Der Systematische Katalog, in: Vogt, Renate (Hg.), Aus der Geschichte der Universitätsbibliothek Bonn. Hartwig Lohse zum Abschied, Bonn 1993 (Bonner Beiträge zur Bibliotheks- und Bücherkunde 31), S. 42–70.

Vogts, Hans (Bearb.), Die Kunstdenkmäler des Kreises Zell an der Mosel, Düsseldorf 1938 (Die Kunstdenkmäler der Rheinprovinz 19,3).

Vouilliéme, Ernst, Die Incunabeln der Königlichen Universitäts-Bibliothek zu Bonn. Ein Beitrag zur Bücherkunde des XV. Jahrhunderts, Leipzig 1893–1894 (Beiheft zum Centralblatt für Bibliothekswesen, 4, 11–13), abrufbar unter: https://nbn-resolving.org/urn:nbn:de:hbz:5:1-201061 [Stand: 10.9.2023].

Wackenroder, Ernst (Bearb.), Die Kunstdenkmäler des Landkreises Cochem, Bd. 1, München 1959 (Die Kunstdenkmäler von Rheinland-Pfalz 3,1).

Wolf, Gerhard, Adlige Hauschroniken des Mittelalters und der Frühen Neuzeit, in: Gerhard Wolf; Norbert H. Ott (Hg.), Handbuch Chroniken des Mittelalters, Berlin u. a. 2016, S. 414 f.

Zedler, Gottfried, Das Mainzer Catholicon, Mainz 1905.

Bildnachweis

Stadtarchiv Koblenz: S. 11–13, 43
Mittelrhein-Museum Koblenz: S. 14–15, 41–42, 44, 46
ULB Bonn: S. 28, 32, 34, 36

Alle weiteren Abbildungen
© Landesbibliothekszentrum Rheinland-Pfalz